동북아시아 속의
풍납토성

동북아시아 속의 풍납토성

2012년 12월 15일 초판 1쇄 인쇄
2012년 12월 20일 초판 1쇄 발행

지은이·임영진·王志高·小山田宏一·권오영·신희권
펴낸이·권혁재

편집 및 디자인·박현주
출력·CMYK
인쇄·한일프린테크

펴낸곳·학연문화사
등록·1988년 2월 26일 제2-501호
주소·서울시 금천구 가산동 371-28 우림라이온스밸리 B동 712호
전화·02-2026-0541~4
팩스·02-2026-0547
E-mail·hak7891@chol.net

ISBN 978-89-5508-291-6 93910
ⓒ 임영진·王志高·小山田宏一·권오영·신희권, 2012
협의에 따라 인지를 붙이지 않습니다.

책값은 뒷표지에 있습니다.
잘못된 책은 바꾸어 드립니다.

동북아시아 속의
풍납토성

임영진 · 王志高 · 小山田宏一 · 권오영 · 신희권

학연문화사

글 머리에

　풍납토성은 백제 한성시대를 상징하는 대표적인 성곽으로서 지난 십수년 동안 적지 않은 조사와 연구가 이루어졌고, 이를 통해 풍납토성이 백제 한성시대의 도성이었던 하남위례성이라는 사실이 하나하나 입증되어 나가고 있습니다.

　그동안 풍납토성에서는 백제 한성시대의 국제적 위상을 알려주는 귀중한 유물들과 함께 제사 건물터, 우물, 동서 - 남북으로 교차하는 정연한 도로 등의 시설물들이 조사되었으며, 작년에는 동쪽 성벽의 조사를 통해 보다 정확한 규모와 축조 방법을 알 수 있는 새로운 자료가 나온 바 있습니다.

　올해는 서울 송파구에서 시행하는 제12회 한성백제문화제를 맞아 백제 한성시대의 풍납토성이 고대 동북아시아에서 차지하는 역사적, 문화적 의미를 파악해보고자 〈동북아시아 속의 풍납토성〉이라는 주제로 국제학술회의를 갖게 되었습니다.

　학술회의에서는 중국, 일본, 한국의 대표적인 학자들을 모시고 동북아시아 삼국에서 바라보는 풍납토성의 위상을 점검하는 한편 풍납토성의 활용 방안을 모색해 보기로 하였으며 기조발표를 통해 풍납토성의 역사적 의미와 연구 과제를 제시해 보기로 하였습니다.

동북아시아 속의 **풍납토성**

기조발표는 필자가 맡게 되었으며 중국의 王志高 교수님, 일본의 小山田宏一 선생님, 한국의 권오영 교수님, 신희권 소장님께서 각각 연구 논문을 발표하여 주셨습니다. 또한 조윤재, 김낙중, 서정석, 채미옥 선생님께서 토론을 맡아주셨습니다.

    이번 학술회의를 통해 제기된 새로운 견해를 간략히 소개하면 다음과 같습니다.

    첫째, 그동안 풍납도성으로 비정되는 경향이 있었던 백제 한성시대의 사성(蛇城)을 몽촌토성으로 비정하고, 개로왕대에 축조되었던 제방을 몽촌토성 동쪽 성내천에서 시작하여 한강을 따라 암사동 동쪽 응봉(고덕산) 능선으로 이어졌다고 보는 견해, 둘째, 풍납토성에서 출토된 중국 시유도기를 술을 운반하였던 용기였다고 보는 견해, 셋째, 풍납토성 부엽공법의 특징을 토성 전체를 보강하는 보강공법이었다고 보는 견해, 넷째, 백제 귀족들의 의, 식, 주에 대한 구체적인 견해 등이 제시되었습니다. 또한 앞으로 풍납토성을 어떻게 보존하고 활용할 것인가에 대한 보다 현실적이고 바람직한 방안도 제시되었습니다.

    이 책자는 앞으로 보다 많은 분들이 풍납토성이 가진 국제적 위상을 이해함과 동시에 풍납토성을 통해 백제 한성시대의 여러 모습들을 파악하는 데 참고가 될 수 있도록 이번 국제학술회의에서 발표된 논문들을 모아 발간한 것입니다.

바쁘신 가운데 발표문들을 보완하여 출판할 수 있도록 하여 주신 여러 선생님들과 이와 같은 귀중한 기회를 마련하여 주신 송파구 박춘희 청장님을 비롯한 송파구민 여러분께 깊이 감사드립니다. 또한 이 책의 편집과 출판을 맡아 애써주신 학연문화사의 권혁재 사장님과 박현주 선생을 비롯한 직원 여러분께도 감사의 말씀을 드립니다.

대단히 감사합니다.

2012년 12월
글쓴이를 대표하여 임 영 진 씀

목 차

임영진
풍납토성의 역사적 의미와 연구 과제 ——— 9
-하남위례성과 사성의 관계를 중심으로-

王志高
试论韩国首尔风纳土城的三个问题 ——— 41
풍납도성의 세 가지 문제에 대한 시론 / 번역 소현숙 ——— 79

小山田宏一
風納土城の補强土壁工法 ——— 123
풍납토성의 보강토벽공법 / 번역 이기성 ——— 143

권오영
한국고고학 연구에서 풍납토성의 가치 ——— 163

신희권
풍납토성의 관광자원 활용방안 ——— 197

풍납토성의 역사적 의미와 연구 과제
- 하남위례성과 사성의 관계를 중심으로 -

임영진(전남대 교수)

목 차

Ⅰ. 머릿말
Ⅱ. 풍납토성 조사 경과
Ⅲ. 백제 한성시대 도성에 대한 제견해
Ⅳ. 하남위례성과 사성의 관계
Ⅴ. 백제 한성시대 도성의 변천
Ⅵ. 맺음말

Ⅰ. 머리말

　백제 한성시대를 상징하는 하남위례성이 서울 송파구에 위치한 풍납토성이라는 것은 널리 잘 알려진 사실이다. 그러나 십수년전까지만 하더라도 풍납토성은 백제의 사성에 해당하는 것으로 보는 견해가 일반적이었고 하남위례성이 어디에 위치한 어떠한 성인가에 대해서는 의견이 분분하였다.
　1997년부터 이루어진 풍납토성의 본격적인 발굴조사는 풍납토성이 하남위례성이라는데 대해 더 이상 이의를 제기할 수 없게 하였고, 그 규모와 유구, 유물 등을 통해 베일에 싸였던 백제 한성시대 도성의 진면목들을 하나하나 밝혀주고 있다.

이 글은 송파구청의 요청에 따라 지난 십수년간 이루어진 풍납토성의 조사, 연구 성과를 종합적으로 검토하여 풍납토성이 가진 동북아시아의 국제적 위상을 파악해 보고자 하였던 학술회의에서 발표된 글을 논문 형식을 갖추어 보완한 것이다. 학술회의에서는 중국, 일본, 한국의 전문가들에 의해 풍납토성과 관련된 제반 문제들이 다각도로 논의되었으므로 이 글에서는 다른 발표와 내용이 중복되지 않도록 풍납토성의 조사 경과에 대해서만 간단히 정리하고, 한성백제의 도성 체계 속에서 풍납토성이 갖는 역사적 의미를 살펴보는데 치중하도록 하겠다.

특히 학계에서 오랫동안 풍납토성을 사성으로 보아왔던 점을 감안하여 사성은 어느 곳에 위치한 어떠한 성이며 하남위례성이었던 풍납토성과는 어떠한 관계를 가지고 있었는지에 대해 중점적으로 살펴보도록 하겠다.

II. 풍납토성 조사 경과

- 1916 : 서성벽 일부가 유실되어 있음(1916년 지형도)
- 1925 : 을축년 대홍수로 유물 노출
- 1934 : 하남위례성으로 추정(鮎貝房之進)
- 1936 : 조선고적 제27호 지정(38,202평)

- 1939 : 사성으로 비정(이병도)
- 1963 : 사적 11호 지정
- 1964 : 성 내부 시굴조사(서울대학교)
- 1967 : 반민반군의 북성으로 추정(김원용)
- 1969 : 유실부 사적 지정 해제(5,409평)
- 1970 : 토성 좌우 20m 범위까지 문화재보호구역 지정(36,693평)
- 1971 : 잠실곡류수면매립정책 시행
- 1976~1978 : 북벽 446m 복원 정비
- 1983 : '백제전기 수도유적 보존문제' 세미나(한국정신문화연구원 이형구)
- 1988 : 행정구역이 송파구로 바뀜
- 1990 : 10개년 정비사업 착수(서울시), 사유지 매입 추진
- 1994 : '서울백제수도유적보존회' 결성 및 학술회의 개최(동양고고학연구소 이형구)
- 1996 : 백제문화개발연구원 지원 측량조사(선문대학교 이형구)
- 1997 : 현대연합주택 건축 현장에서 백제토기 확인 신고(선문대학교 이형구)

  긴급구제발굴조사로 주거지 11기, 3중 환호 확인(국립문화재연구소)

  남양연립 재건축예정부지(서울대학교박물관)

  삼화연립 재건축예정부지(한신대학교박물관)

  현대연합주택부지(국립문화재연구소)

  풍납 제1지구 재건축부지(국립문화재연구소)

- 1998 : 서울백제수도유적보존회에서 대통령에게 유적보존을 위한 건의서 제출
- 1999 : 정비를 위한 동벽 발굴조사(국립문화재연구소, 성벽 기저부 폭 40m 내외, 현재 높이 9m, 원래 높이 15m 추정, 부엽공법 확인)
- 1999~2000 ; 경당연립주택부지(한신대, 대부명 토기)
- 2000 : 외환은행직원 합숙소부지(국립문화재연구소)
- 2000 : 풍납토성 보존을 위한 학술회의 개최(이형구)
  풍납토성 보존을 위한 대통령 담화문 발표
  풍납토성 내부지역 전체 보존방침 확정(문화재위원회)
  경당연립재건축 부지 보존 결정
- 2001 : 소규모 주택 신축부지에 대한 사전조사 의무화 시행
- 2001 : 서벽 해자 시굴조사(건국대학교)
- 2002~03 : 삼표산업사옥신축공사부지(국립문화재연구소, 서벽 해자 추정 유구 확인)
- 2003~11 : 풍납동 197번지 일대(국립문화재연구소)
- 2004 : 동성벽 외곽(국립문화재연구소, 한성백제 우물)
- 2004~ : 미래마을 발굴, 도로 유구 확인(국립문화재연구소)
- 2007 : 풍납토성발굴 10주년기념학술대회(국립문화재연구소)
- 2011 : 동쪽 성벽 절개 조사(한성백제박물관 의뢰에 따라 국립문화재연구소 조사)

Ⅲ. 백제 한성시대 도성에 대한 제견해

『삼국사기』 백제본기에서는 백제가 처음 정도한 곳을 하남의 위례성으로 기록하고 있지만, 온조왕 13년(기원전 6)에는 7월에 (한수 남쪽) 한산 아래에 목책을 세우고 위례성의 백성들을 옮겼고, 8월에 마한에 사신을 보내 천도를 알렸다고 하였다.[1]

근초고왕 26년(371)에는 고구려의 평양성을 공격하여 고국원왕을 전사시키고 한산으로 도읍을 옮긴 것으로 기록되어 있다. 또한 개로왕 21년(475)에는 고구려 군대가 한성을 에워싸자 왕이 성문을 닫고 싸우지 못하다가 기병 수십명을 거느리고 서쪽으로 달아나다가 살해되었다고 하므로 당시의 도성은 한성이었음을 알 수 있다.

그런데 같은 개로왕 21년조에는 고구려군이 북성을 쳐서 7일만에 함락시키고 다시 남성을 치자 왕이 탈출해 달아나다 붙잡혀 아차산 아래에서 죽임을 당히였다는 기록이 이어지고 있고, 『일본서기』 웅략천황 20년조에는 "狛大軍來 攻大城七日七夜 王城降陷 遂失尉禮國"라고 기록되어 있다.

『삼국사기』에 따르면 백제 한성이 하나의 성이 아니라 북성과 남성으로 구성되어 있고 고구려군 침입시 개로왕은 남성에 있었음을 알 수 있는데 『일본서기』에 따르면 대성이 공격을 받아 왕성이 함락됨으로써 위례국을 잃게 된 것으로 되어 있기 때문에 '북성=대성', '남성=왕성'으로 이해하는 것이 일반적이다.

한편 『삼국유사』 남부여전 백제조에 인용된 『고전기』에서는 온

---

1) 이강래 역, 1998, 『삼국사기』, 한길사.

조가 위례성에 정도하였다가 14년에 한산으로 도읍을 옮겼고, 근초고왕대에 북한성으로 천도한 것으로 기록하고 있으며 위례성, 한산, 북한산을 각각 직산, 광주, 양주에 비정하고 있다. 『삼국유사』의 이와 같은 위치 비정은 이후 『고려사』, 『세종실록』 지리지, 『신증동국여지승람』으로 이어졌다.

이처럼 고대 사서에 보이는 백제 한성시대 도성에 대한 단편적인 기록들은 시기적으로 명확하지 않으면서 그 명칭이 서로 달라 연구자에 따라 서로 다른 해석들이 나오고 있는데 지금까지 제기된 견해들을 정리해보면 다음과 같다.

위례성을 직산으로 보는 견해에 대해서는 조선 후기 정약용에 의해 처음으로 문제가 제기되었다. 정약용은 온조왕 원년 하남위례성 정도 기사는 온조왕 13~14년에 있었던 천도와 관련된 것으로 보았다. 온조는 하북위례성에 도읍한 다음 부아악에 올라 하남 쪽을 살펴보고 하남위례성으로 천도하였다는 것이며, 하북위례성의 위치는 삼각산 동록, 하남위례성의 위치는 광주 고읍, 한성은 한양 고읍으로 비정하였다. 또한 『북사』에서 백제가 처음 대방고지에 나라를 세웠다고 했는데 이것은 하북위례성을 지칭한다고 보았다. 또한 그는 한성 안에 북성과 남성이 공존하였는데 하북위례성은 북성이고 하남위례성은 남성으로서 개로왕의 거처가 있던 곳은 북성이라 하였다.

김영수는 제1 국도인 (하남)위례성을 적성강 남쪽 고양 부근으로, 제2 국도인 한남성을 광장진 대안의 한강 남쪽 토성으로, 제3 국도인 한산성은 광주로 보았다. 천도 시기는 각각 온조왕대와 근초고왕대로 보았다. 개로왕대 백제 국도는 남북 2성이었는데 북성은 한남성이고 남성은 한산성이라고 하였다[2].

이병도는 위례성은 북한산 자락의 세검정 계곡 일대이고 하남위례성(한성)은 광주군 춘궁리 일대인데 비류왕 초년(304)에 위례성에서 하남위례성으로 천도한 것으로 보았다. 개로왕대의 북성은 북한성이며 남성은 한성(하남위례성)이라 하였다. 한성의 배후에는 남한산성(한산)이 있었는데 도성과 산성은 지리적으로 밀접하였기 때문에 양자를 도성으로 통칭하는 경우도 있었다고 보았다. 아신왕 7년조에 나오는 한산(남한산성) 북책은 사성으로서 풍납토성이라고 하였다[3].

이홍직은 백제는 초기에 하북의 서울지방에 머물렀다가 하남의 위례성(광주지방)으로 이주하였고, 근초고왕대에 한산으로 옮겼다고 하였다. 한산은 남한산성이며 한산과 한성은 동일 지명이라 하였다[4].

심세붕은 온조왕대에 정도한 위례성은 직산, 근초고왕대에 천도한 한산은 광주로 보았다. 온조왕대의 하남위례성 정도나 한산하 천도 기사는 후대의 사료 편찬 과정에서 무의식적인 착오로 편입된 것으로 보고, 한산 천도는 한강유역으로의 본격적인 진출을 의미하는 것이라고 보았다[5].

윤무병은 광주군 춘궁리가 광주고읍이 소재했던 곳이라는 점에 주

---

2) 김영수, 1957, 「백제 국도의 변천에 대하여」, 『전북대논문집』 1.
3) 이병도, 1974, 「위례고」, 『학술원논문집』 13.
4) 이홍직, 1971, 『한국 고대사의 연구』, 신구문화사.
5) 김재붕, 1974, 「백제 구도 직산고」, 『조선학보』 70.

목하여 이곳의 이성산성이 하남위례성으로 유력시된다고 보았다[6].

천관우는 하북위례성은 강북의 서울, 하남위례성(한성)은 남한산 북록으로 보고, 하남위례성으로의 천도 시기는 온조왕대로 볼 수 있다고 하였다[7].

방동인은 하북위례성을 한강 북안으로, 한산하의 하남위례성(한성)을 광주로 보고 천도 시기는 온조왕대로 보았다. 근초고왕대에 옮겼다는 한산에 대해서는 지금의 농산으로 보았는데 한산하의 하남위례성에서 한산으로 이동함에 따라 전자는 북성, 후자는 남성으로 불리게 되었다고 하였다[8].

김정학은 백제의 초기 중심지는 북한산성이었으나 정치적 파동을 계기로 한강 이남으로 옮겨졌고 하남위례성은 풍납토성이라고 하였다. 책계왕 원년조의 위례성과 사성은 별개의 성이 아니라 삼국사기 찬자의 오인이며 풍납토성이 곧 사성이라고 하였다. 근초고왕대에 한산(한성, 남한산성)으로 도읍을 옮겼는데 한성은 유사시 농성하는 산성이었고 평시에는 풍납토성·몽촌토성, 석촌동·가락동 일대가 도읍이었을 것으로 보았다[9].

차용걸은 위례성에서 한산하를 거쳐 한산으로 이도하였으며 이에 따라 백제 초기 왕도는 평지성→구릉성→산성으로 이동되었다고 하였다. 온조왕대 중랑천유역의 (하북)위례성에서 몽촌토성인 한산하로 이도하였고, 한성은 왕도를 포함한 광범한 지역으로서 몽

---

6) 윤무병, 1992, 『백제고고학연구』, 충남대학교 백제연구소.
7) 천관우, 1976, 「삼국의 국가형성(하)」, 『한국학보』 3.
8) 방동인, 1974, 「풍납리토성의 역사지리적 검토」, 『백산학보』 16.
9) 김정학, 1981, 「서울 근교의 백제유적」, 『향토서울』 39.

촌과 이성산 사이에 해당하는 것으로 보았다. 한산은 한산성(남한산성)으로서 근초고왕대의 천도는 일시적인 것으로 보았다. 또한 남한산성은 한산성, 이성산성은 한산북책으로서 개로왕 21년 고구려군 침입 당시 한산하 주민들이 입보하였던 남성과 북성이라고 이해하였다[10].

김용국은 온조왕 14년에 삼각산 북록의 미아리와 우이동 일대의 하북위례성에서 광주 춘궁리 일대의 하남위례성으로 천도하였는데, 하남위례성은 한산하의 한성이며 『일본서기』의 대성이라고 하였다. 근초고왕대 천도한 한산은 남한산이라고 하였다[11].

성주탁은 한강 이북의 위례성은 중랑천 일대라고 보았으며, (하남)위례성은 몽촌토성으로서 원래의 명칭이 한자로 바뀌면서 한성(또는 대성)으로 되었다고 하였다. 근초고왕대의 한산은 한산하 별궁으로서 광주군 춘궁리 일대이며 천도는 일시적이었다가 진사왕 7년(391)에 하남위례성(한성)으로 환궁하였다고 하였다. 한편 아차산성을 북성, 풍납토성을 남성으로 비정하였으며 개로왕이 사로잡힌 곳은 한산하 별궁이었을 것으로 추정하였다[12].

최몽룡은 하북위례성은 중랑천 일대, 하남위례성은 몽촌토성, 한산은 이성산성, 한성(대성)은 광주 춘궁리 일대로 비정하였다. 하남위례성 천도는 온조왕대, 한산 천도는 근초고왕대, 한성 천도는 진사왕 7년경(391)으로 보았다[13].

---

10) 차용걸, 1981, 「위례성과 한성에 대하여(1)」, 『향토서울』 39.
11) 김용국, 1983, 「하남위례성고」, 『향토서울』 41.
12) 성주탁, 1983, 「한강유역 백제초기 성지 연구」, 『백제연구』 14.
13) 최몽룡, 1988, 「몽촌토성과 하남위례성」, 『백제연구』 19.

김기섭은 위례성은 하북위례성과 하남위례성으로 구분되는데 하남위례성은 왕성 내지 왕도라는 의미에서 후대에 한자화되면서 한성으로 불리게 되었고 하북위례성은 북한성으로 불리게 되었다고 한다. 하북위례성은 중랑천 일대이며, 하남위례성은 처음에는 몽촌토성이었지만 점차 그 범위가 확대되면서 그 주위에 거주하던 일반민들의 거민성인 풍납토성(사성)까지 한성에 포함되었다고 보았다. 한산성은 남한산 일대에 있었던 산성으로 추정하였다[14]. 그러나 나중에는 자신의 견해를 약간 수정하여 하북위례성은 백제에 흡수된 집단(優休牟涿國 혹은 臣濆沽國 ; 古爾系)의 왕성으로서 경기도 서북부일 것으로 보았고, 하남위례성은 풍납토성, 근초고왕대의 천도지는 몽촌토성으로 보았다. 또한 근초고왕 이후 한성은 남성과 북성으로 구성되는데 풍납토성은 거민성으로 평상시 활동의 중심이 되었던 북성(사성)이고 몽촌토성은 유사시를 대비한 군사적 목적이 강조된 왕성(남성)이라고 보았다[15].

　이도학은 하북위례성은 중랑천 일대, 하남위례성은 몽촌토성으로 비정하였고 온조왕대 천도한 것으로 보았다. 하남위례성과 한성은 같은 성으로 파악하였다. 근초고왕때 천도한 한산은 북한산성, 지금의 중흥동고성으로 파악하였는데 아신왕 5년(396) 이전에 예전의 왕성이었던 하남위례성으로 다시 옮겨왔던 것으로 보았다. 한편 백제의 왕성은 북성(풍납토성)과 남성(몽촌토성)으로 구성되는데 남성은 왕이 상주하는 궁성이고 북성은 이궁성(별궁)이며 사성

---

14) 김기섭, 1987,「백제 전기 도성에 관한 일고찰」, 한국정신문화연구원 박사학위논문.
15) 김기섭, 1995,「백제 전기의 한성에 대한 재검토」,『향토서울』55.

은 삼성동토성이라고 하였다[16].

　강인구는 위례성과 하남위례성을 풍납토성으로 보고 개로왕대의 북성에 해당한다고 하였다. 온조왕 14년에 한성인 몽촌토성으로 천도하였는데 개로왕대의 남성에 해당하는 것으로 보았다. 근초고왕 26년에 옮긴 한산성은 뚝섬 지구에 있었던 것으로서 고구려를 적극적으로 공격하기 위해 옮긴 것으로 추정하였는데 개로왕 즉위 초에 한산성에서 한성으로 재천도한 것으로 파악하였다[17].

　김윤우는 (하북)위례성에 도읍하였다가 온조왕 14년에 하남위례성으로, 근초고왕대에 한강 북쪽의 한산으로 천도한 것으로 보았다. 하북위례성은 아차산 서쪽의 중랑천 유역으로 추정하였으며 이때 온조 세력이 이르렀다는 한산은 북한산이라고 하였다. 하남위례성(한산하)은 하남시의 교산동 토성으로 비정하였고, 하남위례성과 관련있는 한산은 하남시 하산곡동과 배알미동 사이에 위치한 검단산으로 보았다. 근초고왕대 천도된 한산은 북한산을 의미하는데 이때의 한산은 산을 뜻하는 것이 아니라 지역 이름으로 보아야 한다고 하였다[18].

　박현숙은 온조왕대에 (하북)위례성에서 하남위례성으로 천도하였는데 하남위례성은 한성과 같은 성으로 파악하였다. (하북)위례성은 북한산 일대 또는 중랑천 일대로 추정하였고 하남위례성은 몽촌토성으로 보았다. 근초고왕대의 한산 이도는 일시적인 천도로서 백제는 평지성인 한성과 산성인 한산성을 유기적으로 운영하는 왕

---

16) 이도학, 1995, 『백제 고대국가 연구』, 일지사.
17) 강인구, 1993, 「백제초기 도성문제 신고」, 『한국사연구』 81.
18) 김윤우, 1993, 「하북위례성과 하남위례성」, 『사학지』 26.

도체계를 구축하게 되었다고 보았다. 즉 한성시대 백제의 도성은 위례성 ⇒ 한성(하남위례성) ⇒ 한성+한산성으로 변화해 갔던 것으로 이해하였다. 한산성은 남한산성 일대로 비정하였다[19].

민덕식은 몽촌토성을 하남위례성으로 추정하였다. 한성은 북성(풍납토성)과 남성(몽촌토성)의 두 개의 성으로 구성되었으며 왕궁은 4세기 이후 북성에 위치했을 것으로 보았다. 남성은 군사적인 성격이 강한 쪽으로 점차 변모하였으며 아신왕이 태어났다는 별궁은 이곳이었을 것으로 보았다[20].

전영래는 백제는 본래 대방고지 즉 황해도 일대에 있다가 근초고왕대에 한강유역으로 천도하였다고 하였다. 본래의 도읍은 한성으로 지금의 재령(신원군) 장수산성으로 보았다. 한성에서 한강유역으로 이도하면서 '아리수'는 한강으로, 위례성은 한성으로 개명되었고 그 결과 한성이란 명칭이 두 곳에 남게 되었다고 하였다. 천도한 한성으로는 몽촌토성에 더 비중을 두었다[21].

박순발은 하북위례성은 한강 이북에 있었고, 온조왕 14년에 천도한 하남위례성은 몽촌토성을 왕성(남성)으로 하고 풍납토성을 대성(북성)으로 하는 한성을 말하며, 근초고왕대에 천도하였던 한산은 일시적인 것이었다고 보았다[22].

여호규는 백제 한성시기 도성제는 책계왕대, 근초고왕대, 개로왕대를 획기로 발전하였는데 3세기후반 책계왕대에 위례성(풍납토

---

19) 박현숙, 1997, 「백제 지방통치체제 연구」, 고려대박사학위논문.
20) 민덕식, 1998, 「성곽유적으로 본 백제 전기도성 연구」, 『서울학연구』 9.
21) 전영래, 1998, 「백제의 흥기와 대방고지」, 『백제연구』 28.
22) 박순발, 2001, 『한성백제의 탄생』, 서경문화사.

풍납토성의 역사적 의미와 연구 과제

〈표 1〉 백제 도성의 변천에 대한 제견해

구분	온조왕 14년		책계왕－비류왕대	근초고왕 26년	진사왕－아신왕대	개로왕대
삼국사기	위례성		한수 남쪽 한산하		한산	한성(북성,남성)
삼국유사	위례성(직산)		한산(광주)			북한성(양주)
정약용	하북위례성 (삼각산 동록)		하남위례성(광주고읍)		한성(한양고읍)	북성(하북위례성)+남성(하남위례성)
이병도 (1939)		위례성=북한성(세검동)	하남위례성=한성(광주 춘궁리 일대) * 한산(남한산성. 배후산성)		북성(북한성)+남성(하남위례성) * 한산 북책(사성, 풍납토성)	
김영수 (1957)	하남위례성 (고양 부근)	한남성(광장진 대안 한강 남쪽 토성)			한산성(광주)	북성(한남성)+남성(한산성)
이홍직 (1971)	하북위례성 (서울 강북)	하남위례성(광주 지방)			한산=한성(남한산성)	
김재붕 (1974)		위례성(직산)				한산(광주)
방동인 (1974)	하북위례성 (한강 북안)	하남위례성=한성(광주)			한산(농산) * 한성은 북성, 한산은 남성	
천관우 (1976)	하북위례성 (서울 강북)		하남위례성(한성, 남한산 북록)			
김정학 (1981)	하북위례성 =북한산성	하남위례성=사성=풍납토성		한산=한성=남한산성 : 유사시 농성하는 산성 * 평시에는 풍납토성·몽촌토성·석촌동·가락동 일대가 도읍		
차용걸 (1981)	하북위례성 (중랑천 일대)	한산하(몽촌토성)		한산=한산성=남한산성 (근초고왕대 일시 천도지)	한성(몽촌과 이성산 사이) 북성=이성산성, 남성=남한산성	
김용국 (1983)	하북위례성 (미아동－우이동)	하남위례성=한성=대성(광주 춘궁리 일대)			한산(남한산)	
성주탁 91983)	하북위례성 (중랑천 일대)	하남위례성=한성(몽촌토성)=대성		한산(춘궁리 일대)	한성	북성=아차산성 남성=풍납토성
최몽룡 (1985)	하북위례성 (중랑천 일대)	하남위례성(몽촌토성)		한산(이성산성)	한성(광주 초궁리 일대)=대성	
김기섭 (1987)		하북위례성(북한성)(중랑천일대) 하남위례성=한성=몽촌토성+풍납토성(사성)			한산성(남한산 일대 산성)	
강인구 (1993)	위례성=북성 풍납토성	한성=남성(몽촌토성)			한산성(뚝섬지구)	한성
김윤우 (1993)	하북위례성 (중랑천 일대)	하남위례성(하남시 교산동토성)			한산(북한산 일대)	
김기섭 (1995)		하북위례성=경기도 서북부 하남위례성=풍납토성		한성=몽촌토성	남성(왕성,몽촌토성)+북성(풍납토성,사성,대성)	
이도학 (1995)	하북위례성 (중랑천 일대)	하남위례성=한성		한산 (북한산성,중흥동고성)	한성=북성(풍납토성)+남성(몽촌토성,왕성) * 사성=삼성동토성	
박현숙 (1997)	하북위례성(북한산 또는 중랑천 유역)	하남위례성=한성(몽촌토성)			한산성(남한산) : 일시 천도지 * 도성 : 평지성인 한성 + 산성인 한산성	
민덕식 (1998)		하남위례성(몽촌토성)			한성 = 북성(풍납토성) + 남성(몽촌토성) * 북성은 왕궁성, 남성은 군사적 성격	
전영래 (1998)		제1한성(재령 장수산성)			제2한성=위례성(몽촌토성)	
박순발 (2001)	하북위례성 (한강 이북)	하남위례성=몽촌토성?		한산	하남위례성=한성(북성:풍납토성+남성:몽촌토성)	
여호규 (2002)	(위례성)	위례성(풍납토성) 축조(보수) 아차성과 사성 축조(보수)		한산(한성)	위례성(북성) 한성(남성)	

성)을 축조하고 아차성과 사성을 구축하였으며, 4세기후반 근초고왕대에 고구려 침공에 대비하여 한산(몽촌토성)으로 이도함으로써 평상시 거성과 군사방어성의 도성 체계를 구축하였고, 개로왕대에 외곽방어성에 연결되는 제방을 축조하여 초보적인 나성을 갖추기 시작한 것으로 보았다[23].

IV. 하남위례성과 사성의 관계

1997년, 풍납토성이 본격적으로 발굴되기 시작할 때까지 하남위례성은 몽촌토성이라고 보는 견해가 일반적이었다. 1939년 이병도에 의해 풍납토성이 음운학적으로 사성으로 비정됨으로써 하남위례성의 논의에서 제외되는 경향이 있었고 상대적으로 몽촌토성이 하남위례성일 가능성이 높다고 보는 견해가 많았던 것이다. 1980년대는 몽촌토성이 집중적으로 발굴 조사되면서 중국 서진대의 전문도기편을 비롯한 중국 도자기, 금동과대, 골제찰갑 등의 유물들이 출토되고, 늦어도 3세기 중엽경에는 축조되었던 것으로 소개되면서 몽촌토성이 하남위례성일 가능성을 더욱 부축이게 되었다.

필자는 1983년부터 1987년까지 몽촌토성의 발굴에 참여하였지만 다음과 같은 몇가지 점에서 하남위례성은 몽촌토성이 아니라 풍납토성일 가능성이 더 높을 것으로 본 바 있다[24].

---

23) 여호규, 2002, 「한성시대 백제의 도성제와 방어체계」, 『백제연구』 36.
24) 임영진, 1995, 「백제 초기 한성시대 고분연구」, 서울대학교 박사학위논문.

첫째, 규모에 있어 2.285km 둘레의 몽촌토성 보다 3.5km에 달하는 풍납토성이 훨씬 더 크다.

둘째, 축조 방식에 있어 대부분 자연구릉을 이용한 몽촌토성 보다 평지에 판축한 풍납토성의 축조에 훨씬 많은 노동력이 소요되었다.

셋째, 출토 유물이나 내부 시설에 있어 거의 전지역이 시굴 혹은 발

〈그림 1〉 몽촌토성 등고선 측량도

굴조사된 몽촌토성에서는 최고지배세력이 거주했을 것으로 볼 수 있는 보다 적극적인 증거가 나타나지 않은 반면 풍납토성에서는 이미 청동초두와 같은 중요한 제사 관련 유물이 출토된 바 있다.

넷째, 일반적으로 엘리트 남성 집단에 의해 장기간 점유되는 도성에서는 엘리트 여성 집단에 의해 사용되는 유물들이 출토되는 데 반해 군사적 목적을 지닌 戍城에서는 여성 전용 물품이 출토되지 않은 점에 비추어 볼 때 몽촌토성은 하남위례성으로 보기 어렵다는 견해를 감안할 필요가 있다.

필자는 이와 같은 네 가지 점에서 풍납토성을 하남위례성으로 비정한 바 있는데 이를 위해서는 일반적으로 풍납토성일 것으로 보아

왔던 사성이 어디에 위치한 어떠한 성인가를 함께 비정할 필요가 있었다. 그러나 당시 필자는 이 문제를 해결할 수 있는 방안을 찾아내지는 못하였다. 막연하나마 몽촌토성이 자연구릉을 이용하여 축조됨으로써 정연하지 못한 형상을 띠고 있기 때문에 사성으로 불렸을 것으로 가능성을 제시해 볼 뿐이었다.

사성은 삼국사기 백제본기에 두차례나 등장하는 중요한 성곽인데 주변에 뱀이 많기 때문에 붙여진 명칭이든, 그 형태가 뱀처럼 구불구불하기 때문에 붙여진 명칭이든 이제는 풍납토성과는 무관한 것임이 분명해졌으므로 사성의 문제는 원점에서 다시 살펴볼 필요가 있다. 사성에 대한 백제본기의 기록 내용은 다음과 같다.

> 책계왕 원년(286년) : 고구려가 대방을 치자, 대방에서는 우리에게 구원을 요청하였다. ..(중략).. 드디어 군사를 보내 대방을 구원하였다. 고구려가 이를 원망하자 왕은 그들이 쳐들어올까 염려하여 阿且城과 蛇城을 수리하여 대비하였다.

> 개로왕 21년(475년) : 郁里河에서 큰 돌을 가져다가 돌곽을 만들어서 아버지의 유골을 장사지내고, 강을 따라 둑을 세워 蛇城의 동쪽에서부터 崇山 북쪽까지 이르게 하였다. 이 때문에 창고들이 텅 비고 인민들이 곤궁해지니, 나라의 위태로움이 알을 쌓아놓은 것보다도 심하였다.

사성은 책계왕조에 처음 나오면서 고구려군의 침입에 대비하여 아차성과 함께 수리하였다고 하였다. 사성과 아차성이 모두 책계왕

이전에 존재하였음을 알 수 있지만 각각 언제, 어디에 축조된 것인지에 대해서는 알기 어렵다. 그러나 이 두 성은 고구려군의 공격에 대비하여 하남위례성을 방어하는데 중요한 역할을 하는 성이었을 것이므로 하남위례성 인근에 위치하는 것으로 보아야 할 것이다.

먼저 아차성은 이미 그 위치가 아차산성으로 고증된 바 있으며 고구려군이 침입한다면 한강 북안에서 고구려군을 차단시키는 중요한 역할을 하였을 것이다. 사성은 개로왕대의 제방 기록을 통해 한강 남안에 위치하는 것으로 추정되는데, 그렇다면 고구려군이 아차성의 방어망을 뚫고 한강을 건너 왔을 때 하남위례성을 방어할 수 있는 마지막 보루일 것이며 하남위례성 인근에서 고구려군을 협공할 수 있는 지점에 위치하여야 할 것이다.

사성의 위치 조건이 위와 같다면 하남위례성인 풍납토성 인근의 백제 성곽 가운데 그 조건을 충족시키는 성곽을 찾아야 할 것이다. 현재까지 알려진 풍납토성 인근의 백제 성곽 가운데 이 조건에 부합하는 성곽으로는 삼성동토성과 몽촌토성을 들 수 있다. 이 가운데 몽촌토성은 하남위례성일 가능성이 제기된 성이자 개로왕대의 남성으로 비정되는 경향이 있었기 때문에 사성의 논의에서 제외되면서 삼성동토성일 가능성이 높다고 보는 것이 순리였으며 삼성동토성에서 백제에 해당하는 것으로 보는 연화문와당이 채집됨으로써 그 가능성을 더욱 높여 주게 되었다.

그러나 사성의 비정에 있어서는 개로왕조에 나오는 다음과 같은 내용을 감안할 필요가 있다.

개로왕 21년(475년) : 성곽은 정비되지 않고 궁실은 수리되지

〈그림 2〉 대진·동산연립주택부지 우물

않았으며 선왕의 해골은 맨 땅 위에 임시로 묻혀 있고 백성들의 가옥은 번번이 강물에 허물어지니 저는 대왕을 위해 그대로 둘 수 없는 일이라고 생각합니다.

이는 개로왕으로 하여금 대규모 토목공사를 일으키게 함으로써 백제의 국력을 소진시키고 고구려의 침략을 용이하게 하려는 고구려 간첩 도림의 제안이지만 당시 한성 백제의 사정을 알려주는 중요한 기록이다. 도성 일대가 번번이 홍수 피해를 입고 있음을 말해주는 것이며 이에 대비하여 사성의 동쪽에서 숭산의 북쪽까지 제방을 축조하였던 것이다.

사성을 삼성동토성으로 보는 견해에서는 이 제방이 한강의 홍수로부터 도성지역인 풍납토성과 몽촌토성 일대 뿐만 아니라 왕릉지역인 석촌동 일대까지 보호하기 위해서는 삼성동토성에서부터 시작하여 하남시 검단산이나 암사동 일대까지 제방을 쌓는 것이 필요하다고 보는 경향이 있다.

그러나 현실적으로 이와 같은 제방이 실효성을 가지기 위해서는 그 구간 내에서 한강으로 유입되는 지천들에 대한 대비가 필요하다. 당시 한성에서는 하남위례성이었던 풍납토성 내부뿐만 아니라 외부에도 적지 않은 주민들이 거주하였을 것이며 이와 같은 사실은 2004년에 조사된 동성벽 외곽의 목제 우물을 통해 확인되었다고 할 수 있다[25].

그런데 풍납토성을 중심으로 한 풍납동과 성내동 일대는 한강의 치수사업이 이루어진 이후에도 자주 홍수 피해를 입었던 저지대로서 특히 성내천의 범람이 가장 큰 문제였다. 이는 백제 개로왕대에도 마찬가지였을 것이며 당시 해수면 변동에 대한 다음과 같은 연구 성과를 감안하여 보면 오히려 더 심각한 상황이었을 것으로 추정된다.

한반도의 홀로세 초기 해수면은 기원전 5,000년경에 현재 수준에 이른 다음 몇차례 승강을 반복하였는데 기원전후경에는 현재보다 1~2m 낮았다가 점차 높아져서 500년경부터 1300년경까지는 현재보다 1~1.5m 높았다는 견해[26]와 경기도 일산지역의 평균 고조위 해수면을 보면 기원 200년경에는 현재보다 1.3m 높았다는 견해를 보면[27] 5세기 개로왕대의 한강 수위는 지금보다 더 높았음을 짐작해 볼 수 있다. 당시 영산강 일대 역시 마찬가지였던 연구 성과가 있다. 나주 다시면 가흥리 일대의 토양 분석을 통해 기원 500년경에 이 일대가 영산강을 이루고 있었거나 배후습지에 해당하였다는 견해가[28] 그것이다.

---

25) 국립문화재연구소, 2007, 『풍납토성 Ⅷ』.
26) 최광희, 「홀로세의 해안사구 형성과 해수면 변화」, 서울대 박사학위논문, 148~154쪽.
27) 황상일, 1998, 「일산 충적평야의 홀로세 퇴적환경변화와 해면변동」, 『대한지리학회지』 33-2, 143~163쪽.
28) 安田喜憲 外, 1980, 「韓國における環境變遷史と農耕の起源」, 『韓國における環境變遷史』.

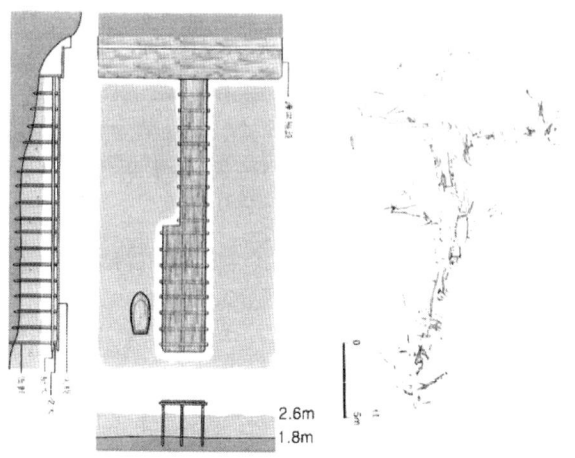

〈그림 3〉 김해 관동유적의 잔교시설 실측도와 추정 복원도(경남고고학연구소 2007)

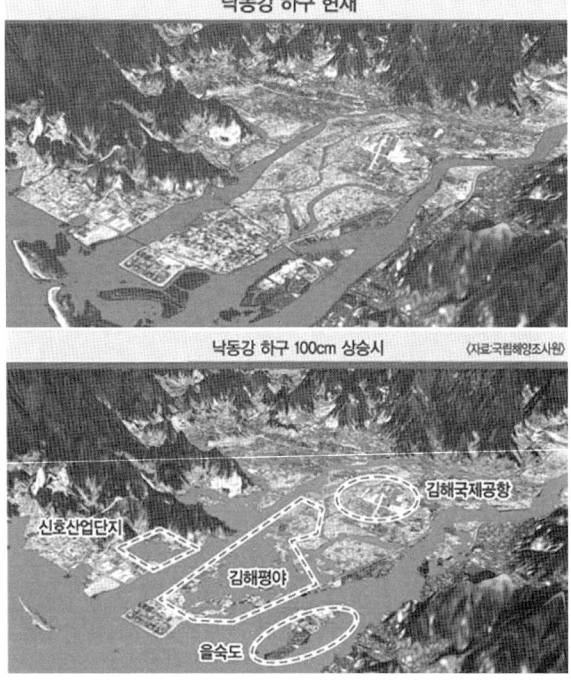

〈그림 4〉 김해만 일대 해수면 상승 시뮬레이션(국립해양조사원)

최근 김해지역에서 발굴조사 자료를 통해 확인된 해수면의 변화를 보면 이 일대의 해수면은 기원전 1,500경에 현재보다 1.9m 높았다가 하강한 다음 다시 상승하여 기원 200년경에 2.6m 가량 높아졌음을 알 수 있다. 이는 김해 관동유적의 해발 1.8m 높이의 토탄층에 박혀있는 기원 200년경의 목재교각과 토탄층의 관계를 분석하여 얻어진 것이다. 이 목재교각은 선박 정박시설과 관련된 것인데 선박이 정상적으로 정박하기 위해서는 흘수선(선박이 물에 떠있을 때 선체와 수면이 만나는 경계선)과 선박 바닥면 사이의 높이보다는 수심이 더 깊어야 하기 때문에, 선박의 최소 높이를 1.5m로 잡고 흘수선의 높이를 0.8m로 잡으면, 당시 해수면은 토탄층의 최대 높이인 해발 1.8m보다 최소한 0.8m 높은 해발 2.6m에 달하였던 것으로 추산되는 것이다[29]. 국립해양조사원에서 실시한 김해만 일대 해수면 상승 시뮬레이션을 감안하여 보면 해수면 1m 상승이 저지대에 어떠한 영향을 미치는시 살 알 수 있다.

중국의 경우에는 과학적인 분석 자료 외에도 풍부한 문헌 기록을 이용하여 기후 변화를 파악하고 있는데, 일반적으로 전한 말기부터 한냉기로 접어들어 남북조시대까지 지속된 다음 수당시대에 온난다습한 기후가 도래하였다고 보고 있다. 따라서 전한 말기부터 남북조시대까지 해수면이 낮아졌다가 수당시대에 상승하였다고 볼 수 있겠지만, 기후 변화는 단기적인 태양의 흑점활동을 비롯한 여러 요인이 복합적으로 작용하기 때문에 반드시 해수면 변화와 일치하는 것은 아니다.

---

29) 경남고고학연구소, 2007, 「김해 율하 택지개발사업지구내 발굴조사 약보고서」.

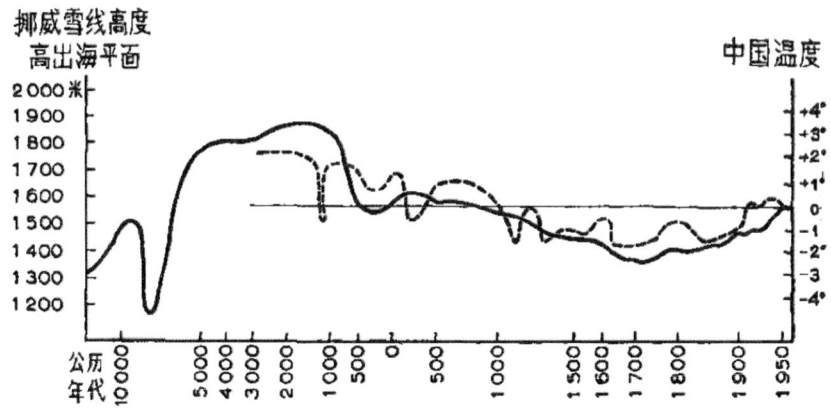

〈그림 5〉 노르웨이의 설선 변화와 중국의 기온 변화(蘭可禎 1972)

　해수면의 변화는 빙하의 변화와 더욱 밀접한 관련을 가지고 있다. 〈그림 5〉는 중국 평균기온의 변화(점선)와 노르웨이 설선의 변화(실선)를 비교한 것이다. 이에 따르면 기원후부터 설선의 높이가 현재보다 높아지기 시작하여 300년경에 1,600m 가까이 올라갔다가 점차 낮아졌고 800년경부터는 현재보다 낮아져서 17-18세기에는 1,350m 가까이 내려왔음을 알 수 있다[30].

　해수면 변동에 대한 이와 같은 연구 성과는 백제 개로왕 당시의 해수면이 지금보다 2m 가량 더 높았던 것으로 추정할 수 있게 하는 만큼 한성백제의 사성과 제방 문제 해결에 있어 반드시 감안해야 할 것이다. 당시 해수면에 대한 이와 같은 추정은 2002~03년에 실시되었던 삼표산업사옥신축부지 조사를 통해서도 입증할 수 있다

---

30) 蘭可禎, 1972, 「中國伍千年氣候變遷的初步硏究」, 『考古學報』 1972-1, 36쪽.

31). 이 조사에서는 자연적으로 형성된 하천을 풍납토성의 해자로 활용한 것으로 추정한 바 있는데 자연하천에 의해 형성된 자갈층의 노출면이 해발 10m 정도로서 현재 한강 수면의 해발 높이보다 3m 정도 높게 나타나고 있는 것이다.

설사 당시 한강의 깊이가 현재보다 더 깊었다고 하더라도 풍납토성 일대의 홍수 피해를 줄이기 위해서는 지금보다도 더욱 철저한 대비가 필요하였을 것이며 한강 뿐만 아니라 한강으로 유입되는 지천에 대한 대비가 수반되어야 하였을 것이다.

만약 사성이 삼성동토성이라면 개로왕대 쌓은 제방은 현재의 경기고등학교에서 검단산이나 암사동 응봉 능선에 이르게 될 것인데 이 제방이 그 역할을 다하기 위해서는 그 사이에 위치한 탄천과 성내천이 큰 문제가 될 것이다. 탄천과 성내천을 무시하고 한강변을 따라서만 제방을 축조한다면 그 제방은 무의미하게 되는 것이다. 이 제방이 충분한 역할을 하기 위해서는 탄천과 성내천을 거슬러 올라가면서 한강변에 축조된 제방에 못지않은 규모의 제방이 추가로 축조되어야 할 것이며 이 역시 엄청난 토목공사였을 것인데 과연 백제 한성시대에 감당할 수 있는 일이었을 것인지 의문이다.

당시 잠실 일대의 한강 상황이 어떠하였는지 정확하게 파악하기는 어렵겠지만 100여년 전의 지도를 보면 잠실 일대는 독립된 하중도(河中島)로 되어 있으며, 1971년부터 잠실곡류수면매립정책이 시행되면서 잠실도 남쪽으로 흐르던 한강 본류를 메꾸어 잠실도를 육지로 만들고 잠실도 북쪽으로 흐르던 샛강을 넓혀 본류화시켰다.

---

31) 국립문화재연구소, 2005, 『풍납토성 Ⅴ』.

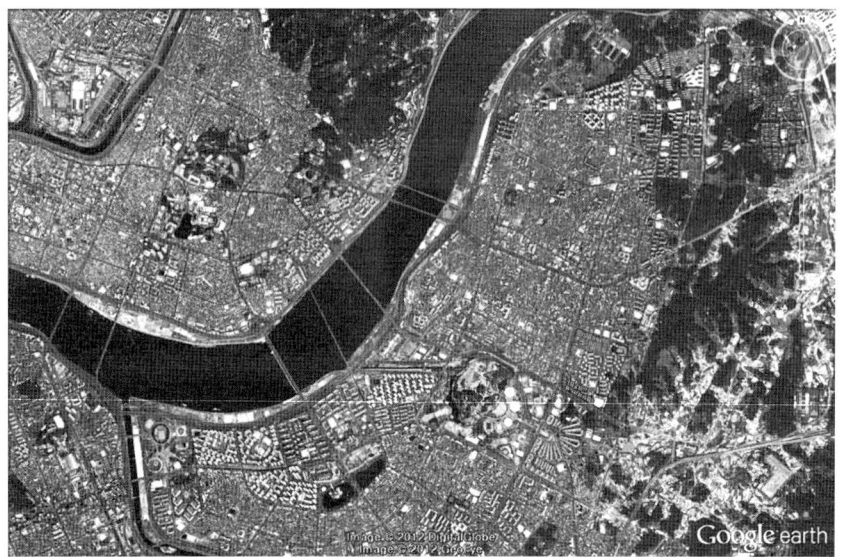

〈그림 6〉 삼성동, 탄천, 몽촌토성, 성내천, 풍납토성 일대의 현재 지형(Google earth)

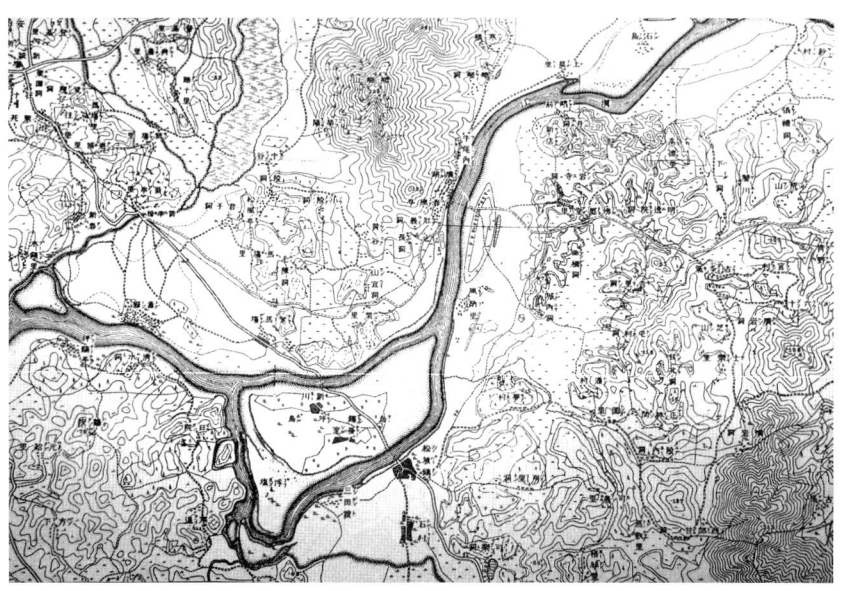

〈그림 7〉 일제 강점기 서울 강남지역의 지형도(남영우편, 『구한말지형도』, 성지문화사)

그러므로 백제 개로왕대에 잠실도가 존재한 상황에서 삼성동토성 동쪽에서 제방을 축조하기 시작하였다면 잠실도 남쪽 건너편 한강변으로 이어져야 할 것이고 탄천, 성내천 등 복잡하게 얽혀있는 한강 수로망을 극복하지 않으면 제방이 제대로 된 역할을 다하기 어렵게 된다. 과연 무엇 때문에 풍납토성과 몽촌토성 일대를 벗어난 이 지역에서부터 대단히 복잡한 대역사를 벌였어야 하였는지 모르겠다.

개로왕대에 축조되었다는 제방의 규모는 성내천과 탄천까지 해결할 수 있을 만큼 대대적인 것이 아니었을 가능성이 높으며, 당시 백제에서 가장 중요하였던 하남위례성(풍납토성)을 중심으로 홍수 피해를 막을 수 있는 합리적인 규모였을 것이다.

이러한 관점에서 보면 풍납토성의 서쪽에서 제방 축조에 가장 큰 장애가 되는 것은 성내천이므로 성내천이 제방의 서쪽 경계가 되었을 가능성이 높다. 기록에 따르면 제방은 사성의 동쪽에서 시작되었으므로 사성은 제방 시작 지점의 서쪽에 해당할 것이다. 따라서 성내천 서쪽에 위치한 몽촌토성을 사성으로 보는 것이 합리적일 것이다. 또한 몽촌토성은 앞에서 보았던 위치 조건, 즉 강북의 아차성과 함께 고구려군이 침입할 하남위례성을 방어하는데 있어 강남지역에서 가장 인접한 곳에 자리잡고 있다는 점에서 책계왕대 수리하였다는 사성의 위치와 부합될 수 있을 것이며 몽촌토성에서 대대적인 수축 흔적을 찾아볼 수 있다는 점[32] 역시 몽촌토성이 사성일 가능성을 뒷받침해준다.

---

32) 몽촌토성발굴조사단, 1985, 『몽촌토성발굴조사보고』, 120쪽.

이와 같이 몽촌토성 동쪽의 성내천을 따라 제방이 축조되어 풍납토성을 끼고 검단산 북쪽이나 암사동 일대까지 이어진다면 풍납토성을 중심으로한 풍납동, 성내동, 천호동, 암사동 일대는 홍수 피해로부터 어느 정도 보호를 받을 수 있게 되겠지만 정작 몽촌토성은 제외될 수 밖에 없을 것이다.

그러나 몽촌토성은 자연구릉을 이용하여 축조한 구릉성 성곽이기 때문에 제방의 높이보다 높을 것이므로 굳이 제방의 범위 안에 들어갈 필요가 없었을 것이다. 따라서 사성은 뱀이 많기 때문에 붙여진 명칭이라기 보다는 자연구릉을 이용하여 축조하였기 때문에 성벽이 구불구불한 몽촌토성의 외형을 따라 붙여진 명칭일 가능성이 높다고 할 수 있을 것이다.

그러나 몽촌토성이 사성이라면 개로왕대에 나오는 북성과 남성의 관계가 문제가 될 수 있다. 이 문제에 있어서는 남성이 몽촌토성이 아니라 다른 성일 가능성과 함께 책계왕대에 사성으로 불렸던 몽촌토성이 그 이후 남성으로 불리게 되었을 가능성을 검토해 볼 필요가 있을 것이다.

먼저, 개로왕대에 등장하는 남성이 몽촌토성이 아닐 가능성에 있어서는 남성이 다른 어떤 성에 해당하는지가 문제일 것이다. 일단 이성산성과 남한산성이 대상이 될 수 있을 것이지만 이성산성은 백제 한성시대와 관련된 자료를 찾아보기 어렵고, 남한산성에서는 백제 유물들이 출토된 바 있지만 남한산성의 위치와 출토유물의 비중에 있어서 풍납토성인 북성과 함께 한성을 구성하였던 남성이 되기는 어렵다고 보아야 할 것이다.

그러므로 책계왕대에 사성으로 불렸던 몽촌토성이 언제부터인지 그 명칭이 바뀌어 남성으로 불리게 되었을 가능성이 높다고 보는 것이 순리가 아닐까 생각된다. 풍납토성과 몽촌토성은 초기에는 도성인 하남위례성과 하남위례성을 방어하는 기능을 담당한 사성으로 구분되었다가 점차 두 성 사이의 풍납동, 성내동 일대에 많은 주민들이 거주하게 되어 이 일대 전체가 한성으로 통칭됨에 따라 각각 북성과 남성으로 불리게 되었을 가능성이 높을 것으로 생각된다.

V. 백제 한성시대 도성의 변천

백제 한성시대 도성 문제에 있어 아직도 논란이 계속되고 있는 문제들이 적지 않은데 백제 한성시대 도성의 변천에 대한 필자의 견해를 제시해 보면 다음과 같다.

『삼국사기』에는 분명한 기록이 없지만 경기도 연천지역에 있는 적석총들은 온조로 대표되는 고구려계 이주민들이 남하하는 과정에서 남긴 고고학적 증거라고 생각된다[33]. 연천 지역의 적석총들은 서울 석촌동 일대의 적석총들이 군집되어 있는 것과 달리 산재되어 있는 편인데 이는 남하 세력의 구성이 단일하지 않으면서 그 결집력 또한 견고하지 못하였을 가능성을 말해준다고 할 수 있을 것이다. 그러나 산재된 적석총들의 인근 지역에 한시적으로나마 핵심 세력이 머물렀던 곳이 있었을 것이며 그곳이 (하북)위례성에 해당할 것이다.

---

33) 임영진, 2003, 「적석총으로 본 백제 건국집단의 남하 과정」, 『선사와 고대』 19.

『삼국사기』를 보면 온조왕 13년 7월에는 한산 아래를 따라 목책을 세우고 위례성의 백성들을 옮겼고 9월에 성과 궁궐을 세웠다는 기록이 있다. 이는 온조왕 8년 7월에 馬首城을 쌓고 瓶山柵을 세웠던 기록과 함께 당시 柵과 城이 명백하게 구분되고 있었음을 알 수 있다.

그러므로 온조왕 13년 7월에 만들었다는 한수 남쪽 한산하 목책은 서울 강남지역에 만들었던 임시 성곽이었을 것이며, 9월에 세웠다는 성과 궁궐이 본격적인 하남위례성으로서의 풍납토성의 축조를 의미하는 것으로 추정된다. 즉 온조왕 13년에 보이는 성은 처음부터 본격적인 토성으로 출발하였다고 보기 어려운데 이 새로운 성이 하남위례성이자 풍납토성이라면 풍납토성의 출발은 임시적인 것이었다가 점차 현재와 같은 본격적인 토성으로 발전되었을 가능성이 있다고 볼 수 있는 것이다. 또한 풍납토성이 한강에 인접하여 있다는 점에서 일부 구간은 한강변에 형성되어 있었던 자연제방을 이용하여 축조되었을 가능성도 배제하기 어려울 것이다.

책계왕대에는 고구려의 침입에 대비하여 아차성 함께 사성을 수리하였는데 이 두 성은 하남위례성을 사이에 두고 강북과 강남에서 하남위례성을 수비하는 가장 중요한 성곽이었을 것이며 각각 현재의 아차산성과 몽촌토성에 해당할 것이다.

근초고왕대 천도하였다는 한산은 고구려의 대대적인 침략에 대비한 것인 만큼 방어력이 높은 곳에 해당할 것이다. 근초고왕은 이미 고구려를 침공하여 고구려 산성들이 가진 방어력을 경험하였을 것이고 고국원왕을 패사시킨 직후이므로 고구려의 대대적인 남침에 대비하여 방어력이 높은 지역을 택하는 것이 당연한 일이었을 것이다.

　이와 같은 지역으로는 북한산, 남한산, 이성산 등을 들 수 있을 것인데 아직까지 어느 지역에서도 근초고왕대의 천도와 관련지을 수 있는 자료가 나온 바 없으며 모두 하남위례성을 중심으로한 백제를 경영하는 데 불편하였을 것이므로 유사시를 위해 배후산성으로 대비하였거나 천도라고 하더라도 극히 일시적인 것이었다고 보아야 할 것이다.

　근초고왕 이후 다시 하남위례성이 도성이 된 다음에는 점차 도읍 지역이 남쪽의 사성 일대로까지 확장되어 나감으로써 이 지역 전체가 한성으로 불리면서 양성 체계를 이루었을 것이며 하남위례성과 사성은 각각 북성과 남성으로 불렸을 가능성이 높다. 한편 개로왕대 홍수 피해를 방지하기 위해 축조하였던 제방은 풍납토성과 몽촌토성 사이의 저지대에 걸쳐있었던 한성에 대한 보호가 가장 큰 목적이었으며 당시의 자연지리적인 면을 감안하여 보면 몽촌토성 동쪽에서 성내천을 따라 축조되기 시작하였을 것으로 판단된다.

　개로왕대 기록에는 이 제방이 숭산의 북쪽까지 축조되었던 것으로 나와 있는데 지형적으로는 암사동에 위치한 응봉에서 북쪽 한강변으로 이어지는 구릉까지 제방을 축조한다면 소기의 성과를 얻을 수 있었을 것으로 추정된다. 한강의 범람으로부터 한성 일대를 보호하기 위한 제방의 동쪽 끝이 검단산 지역까지 이어질 필요는 없는 만큼 숭산은 응봉일 가능성이 높다고 보여지는 것이다.

VI. 맺음말

풍납토성은 백제 한성시대를 상징하는 하남위례성으로서 전체적인 규모를 비롯한 축조시기, 축조방법, 내부시설, 출토유물 등 여러 가지 사항들이 하나하나 밝혀져 나가고 있다. 최근에는 지금까지 백제권에서 출토된 중국 도자기 193개체 가운데 풍납토성 출토품이 최소 74개체에 달하고 있음이 밝혀짐으로써 하남위례성으로서의 풍납토성의 위상을 입증해줄 수 있게 되었다[34]. 그러나 여전히 해결되어야 할 과제들이 적지 않다.

풍납토성을 중심으로 한 향후의 연구 과제를 제시해 본다면 문지, 도로, 해자 등 풍납토성의 중요 시설에 대한 체계적인 조사가 지속적으로 이루어져야 할 것이고, 정확한 축조시기와 축조방법, 내부시설, 출토유물에 대한 연구뿐만 아니라 주변 유적과의 관계에 대한 구체적이고 종합적인 연구를 통해 백제 한성시대를 총체적으로 복원할 수 있도록 하여야 할 것이다. 이는 결국 백제의 건국시기와 건국과정을 보다 자세히 규명하고 백제 주변 국가들과의 교류, 교섭상을 밝히는 문제로 귀결될 것이다.

풍납토성을 비롯한 한성 지역의 보존과 관광자원화를 위해서는 장기적이고 지속적인 전략과 노력이 필요하다. 재개발이나 그에 따른 발굴조사 이전에 과학적인 탐사나 체계적인 시굴조사를 통해 전체 유구의 분포 상황을 사전에 파악해 둠으로써 중요한 지역에 대해서는 가칭 '개발제한사전예고제'를 실시할 수 있도록 할 수 있는

---

[34] 임영진. 2012,「중국 육조자기의 백제 도입 배경」,『한국고고학보』 83.

방안을 모색해 볼 필요가 있다.[35]

 이를 바탕으로 전혀 유구가 없거나 이미 파괴된 지역을 중심으로 건축물을 최대한 밀집시키고 고층화시킴으로써 상대적으로 다른 지역의 보존에 치중할 수 있도록 하는 한편 고층건물에는 전망대를 설치하여 일반인들이 주변 경관을 조망함과 동시에 계속해서 이어지게 될 발굴조사 현장을 관찰할 수 있는 기회를 제공하는 방안도 마련해 볼 필요가 있을 것이다.

---

[35] 林永珍, 2008,「韓國古代都城的保存和運用」,『紀念世界文化遺産殷墟科學發掘 80周年考古與文化遺産論壇』(論文集).

试论韩国首尔风纳土城的三个问题

王志高(中国南京师范大学)

目　次

Ⅰ. 风纳土城在同时期东亚都城考古中的地位与价值
Ⅱ. 风纳土城所见中国施釉陶器的年代与用途
Ⅲ. 风纳土城的时代与性质

风纳土城是在韩国首尔汉江南岸发现的百济早期都城,在韩国考古版图中,特别是对于百济早期历史的研究,有着举足轻重的地位。关于风纳土城,无论是资料积累,还是研究成果,韩国学界可谓硕果累累[1],并已成为当前韩国考古研究的热点之一。因百济历史上与日本关系密切,加之此城最早由日人发现,涉足此领域的日本学者也有不少[2]。然而受限于

---

[1] 由发掘单位韩国国立文化财研究所和韩神大学校博物馆整理出版的风纳土城遗址考古发掘报告,截止2009年至少已有11部之多,有关研究专著和论文甚多,限于篇幅,不一一列举。
[2] (日)东潮、田中俊明:《韩国的古代遗迹》2《百济、伽倻篇》,中央公论社,1989年;

诸多条件，中国学者对此重要城址似乎关注不够，迄今未有专文探讨。随着近年有关韩国学者将风纳土城的部分重要考古成果译介到中国大陆3)，这一现状不久有望得到改观。我虽然先后6次到韩国多地参加各种学术活动，但与风纳土城的两次近距离接触都近乎走马观花，所获认识殆属浮光掠影。本文仅是根据我所掌握的有限资料，并结合自己十多年来主持六朝建康城遗址考古发掘的实践与体会，就风纳土城在同时期东亚都城考古中的地位与价值、城址出土中国施釉陶器的年代与用途、城址的时代与性质3个相关问题所作的一则学习笔记，希望能为韩国学界提供些许借鉴和参考，更希望成为兴趣所在的中国学者的引玉之砖。

Ⅰ．风纳土城在同时期东亚都城考古中的地位与价值

风纳土城位于首尔汉江南岸，是在平地夯土起筑的一座大型土城，城墙基址宽40米以上，高逾11米，周长达3.5千米。经过多年大规模的考古发掘，其城址四界、规模、城墙结构、城内主要空间布局、部分高等级建筑的分布及特点等已大体清晰，并出土了数以万计的各类型文物(图1)。因城墙规

《百济汉城时代王都的变迁》，《朝鲜古代研究》第1号，朝鲜古代研究刊行会，1997年。等等。
3)(韩)权五荣：《百济最初的王城--风纳土城之调查》，《东南文化》2011年第2期；(韩)朴淳发：《百济都城的考古发现与研究》，《南京晓庄学院学报》2012年第4期。

试论韩国首尔风纳土城的三个问题

〈图1〉土城平面

模巨大，城内屡屡发现王室或高等级官吏使用的珍贵遗物及特殊建筑遗迹，风纳土城已公认是百济早期的王城。然而，无论是立都时间，还是城址规模，风纳土城与同时代的中国大陆两大古都六朝建康城、汉魏洛阳城都不可同日而语，甚至也不及高句丽后期的王都平壤城。不过，若就出土遗物文化因素的复杂性，或者说城址的国际性，风纳土城则具有其他古都难于匹敌的地位。换言之，从文献记载看，3至5世纪东亚文化交流的主要中心地固然在中国大陆的建康城与洛阳城，但从考古发现看，百济王都风纳土城则是名副其实的东亚物质文化交流的最重要的中心地之一。

　　百济与东亚各国之间文物交流的类型甚多[4]，仅就风纳土城所见百济遗存与中国大陆相关的交流与影响，主要有以下两类：

1、成品的直接输入

　　风纳土城发现的自中国大陆输入的成品较多，所知主要有各类陶瓷器、铜鐎斗、铜弩机、铜镜、心叶形金铜带具、青铜铺首、五铢钱等，其中铜鐎斗、铜弩机、铜镜、心叶形金带具，是1925年大洪水之后风纳土城西南坍塌暴露的一件大瓮中发现的，其他均是若干年来考古发掘品。发掘品中陶瓷器数量最多，除少数黑釉、青釉瓷盘口壶、罐、碗的残片

---

[4] 关于百济涉外文物交流的类型，可以参看(韩)权五荣：《试论关于百济文物交流形式的类型》，2008年。

外，便以包括钱纹陶在内的大型施釉陶瓷占大宗，如后文详析，这些大陶瓮系东晋中后期至南朝刘宋时代以盛装美酒的方式，由建康城流入到百济王都汉城。

值得注意的是，1925年大洪水之后大瓮中发现的铜弩机。尽管此物已经了无影踪，现在无法获知它的具体形制，但很容易使人联想起百济频繁遣使南朝刘宋朝贡，甚至使用刘宋《元嘉历》的记载[5]，而在元嘉二十七年(450年)宋文帝诏给百济的诸物中，就有"腰弩"一项[6]。由于瓮内同时出土的两件铜鐎斗已被推定为5世纪后期的南朝刘宋器物[7]，故这件失踪的铜弩机或许就是宋文帝所赐腰弩之一亦未可知。

2、技术及观念的传播与影响

技术、观念的传播是较成品输入层面更高的文化交流形式，目前已确认在城墙修筑和瓦砖制作两个方面，风纳土城曾经接受中国大陆的影响。考古发掘证明，除夯土法外，风纳土城还使用一种散草法(或称铺叶法)，即以层草(或树叶)层土的方法逐层叠筑堤坝或城郭。因安徽寿县安丰塘清理的芍陂塘工程遗址，乃东汉建初八年(83年)庐江太守王景以散草

---

[5]《周书》卷四十九《异域传上·百济》，第887页，中华书局，1971年。
[6]《宋书》卷九十七《夷蛮传·百济》："(元嘉)二十七年，(百济王余)毗上书献方物，私假台使冯野夫西河太守，表求《易林》《式占》、腰弩，太祖(宋文帝)并与之。"第2394页，中华书局，1974年。
[7] (韩)朴淳发：《鐎斗考》，《东亚考古论坛》创刊号，韩国(财)忠清文化财研究院，2005年。

之法兴修，而王景又出身于乐浪，故一般认为这一先进筑坝（墙）技术的传播路线，是由中国大陆至朝鲜半岛，再至日本列岛[8]。遗憾的是，至今尚未发现六朝时期以散草法修筑城墙或堤坝的实例，希望今后能有这方面的突破。

瓦砖制作技术方面的影响就更加明显，如风纳土城出土的钱纹瓦当虽在中国大陆尚未发现，但其纹样被普遍认为参照了中国的摇钱树，而兽面纹瓦当图案则是直接仿自东晋建康城的同类瓦当。此外，庆堂地区出土的少数板瓦凹面见有以纵向竹木长条编连模具和针缝布筒的痕迹，个别标本甚至可以观察到明显的泥板贴筑成型的线切痕，推测也是受到了六朝建康城瓦作技术的影响[9]。出土的素面砖中有一类端面斜抹者[10]，也见于东晋、南朝建康城遗址，系专用于包砌城墙的城砖。两者之间或有渊源关系，这对推定出土此砖的风纳土城遗迹的性质具有重要意义。还见有一类平面呈八角形、十角形及圆形的砖制品，可能用于井口及装饰柱子，韩国学者亦怀疑与中国南方有关。不过，六朝建康城遗址目前尚未发现同类特制砖，而一般井栏则为石质方形圆孔。

我们注意到，以上与中国大陆发生的文化交流几乎全部涉及南中国的东晋、刘宋王朝，这与文献记载的汉城时代百济

---

8) 殷涤非：《安徽省寿县安丰塘发现汉代闸坝工程遗址》，《文物》1960年第1期；(韩)权五荣：《百济最初的王城--风纳土城之调查》，《东南文化》2011年第2期。
9) 参见王志高：《六朝建康城遗址出土陶瓦的观察与研究》，韩国瓦当学会第8次年会《瓦当的生产与流通》会议文集，2011年10月。
10) (韩)郑治泳：《汉城期百济砖初考》，图3之12、13，《百济研究》第49辑，忠南大学校百济研究所，2009年。

与东晋、刘宋建立密切联系，而与北中国的十六国、北魏政权没有正常通交的历史完全吻合[11]。

除中国大陆外，风纳土城还出土了朝鲜半岛三国时代古国伽倻、新罗、高句丽的日用陶器，出土了高句丽系统的莲花纹瓦当[12]，出土了由乐浪制作或是受乐浪陶器制作技术影响的陶器，为史料记载的百济与相关国家和地区的频繁交流提供了有力物证。在庆堂村工地发现的多件与日本古坟时代埴轮相类似的陶制品，以及自日本流入的小型滑石臼玉，则印证了汉城时代百济与日本列岛倭国发展亲密友好关系的记载。

以上的认识只是就现有资料而论，今后随着风纳土城的进一步发掘，还会不断有与东亚各国相关的文物出土，包括王宫、神殿、城门、道路在内的都城布局及空间规划也将越来越清楚，尤其是与东晋、南朝建康城的关系必将为学界更多关注。虽然建康城、洛阳城等同时期中国古都亦有域外文物发现，但多非城址本身出土，而是出自城郊的墓葬，其类型、数量、涉及的东亚古国之范围都难以与风纳土城相比，而且受诸多因素影响，在可以预见的将来，其城址出土异域文物恐难再有较大突破。就此而言，我们相信，风纳土城作为考古学意义上的东亚物质文化交流中心地的地位将愈加凸显。

---

11) 百济长期未与北魏建立外交关系，直到472年，盖卤王才首次遣使北魏乞师讨伐高句丽，然遭北魏拒绝。盖卤王由此生怨，"遂绝朝贡"。详见《三国史记》卷二十五《百济本纪第三》，又见《魏书》卷一百《百济传》、《北史》卷九十四《百济传》。

12) 亦有专家认为风纳土城发现的莲花纹瓦当属北魏系统，然据文献记载，汉城时代的百济与北魏仅有一次不太成功的通交，故笔者更倾向属高句丽系统。

Ⅱ. 风纳土城所见中国施釉陶器的年代与用途

施釉陶器是韩国百济故地所见来自中国大陆的各类陶瓷器中的一类，据统计，目前已发现70多件，其中半数以上为风纳土城出土，达39件之多。施釉陶器中有13件外壁拍印钱纹，被称为钱纹陶器。[13] 因为关乎所在百济遗址、墓葬的断代以及百济与中国六朝的文化交流，自发现以来，它们一直受到中韩两国学术界的高度瞩目。以权五荣、朴淳发、成正镛等为代表的韩国学者，最初根据中国六朝纪年墓资料，认为其中的钱纹陶器年代不晚于西晋[14]，近年已修正为孙吴至东晋时期，并将之视为372年之前百济已与东晋交流的重要物证[15]。

中国学者中，贺云翱对中、韩两国出土的钱纹陶瓷器关注较早，他首先对南京新见六朝钱纹陶瓷器标本进行了初步研究[16]，随后又全面梳理了中国南方各地发现的钱纹陶瓷器，观察到风纳土城一件可复原的钱纹陶瓷器身较高，最大腹径明显偏上，钱纹不太清晰，且拍印层数较少，主要分布在肩部上下，具有年代偏晚或具体说是东晋时代的特点。他还发现韩国梦村土城、风纳土城、洪城神衿城等遗址出土的钱纹

---

13) (韩)韩芝守：《百济遗迹出土的中国产施釉陶器研究》，收入韩国国立公州博物馆等编《中国六朝瓷器》，2011年。
14) 成正镛、李昌柱、周裕兴：《中国六朝与韩国百济的交流--以陶瓷器为中心》，《东南文化》2005年第1期。
15) (韩)权五荣：《百济最初的王城--风纳土城之调查》，《东南文化》2011年第2期。
16) 冯慧、贺云翱等：《南京新出土六朝钱纹陶瓷器标本研究》，《东亚考古论坛》创刊号，韩国(财)忠清文化财研究院，2005年。

陶器所饰皆为变形钱纹，胎釉结合差，普遍脱釉，亦呈现时代较晚的迹象，故推测它们皆属东晋时期的遗存[17]。

我在分析比较中、韩两国人面纹瓦当的过程中，在没有接触到实物的情况下，也注意到了韩国各地出土的钱纹陶器，推测其"时代至少相当一部分可以向前推至孙吴中晚期，其来源当然不会是西晋时的洛阳，而只能是长江中下游的孙吴地区"[18]。此后，韦正也撰文认为风纳土城出土的钱纹陶器"输入百济的时期可能在东吴中后期，西晋时期的可能性也存在，东晋时期的可能性几乎不存在"[19]。

与此同时，以韩芝守为代表的韩国学者对风纳土城等百济故地出土的中国产大型施釉陶瓷开展了更深入的专题研究。她仔细考察了百济故地出土的中国产施釉陶器的类型、所饰钱纹形态及制作技法等，继而通过与变迁中的中国孙吴至东晋时期钱纹陶瓷器的比较，系统总结了百济故地出土的中国产施釉陶器的年代和特点，认为风纳土城庆堂地区196号遗迹出土的钱纹陶瓷制作时代大概在3世纪后半至4世纪前半，而

---

17) 贺云翱、冯慧等：《东亚地区出土早期钱纹陶瓷器的研究》，《东亚考古论坛》第2辑，韩国(财)忠清文化财研究院，2006年。又刊《考古与文物》2008年第2期。

18) 王志高：《南京出土的孙吴人面纹瓦当及其对朝鲜半岛的影响》，刊韩国国立公州博物馆研究丛书第16册，2005年；王志高：《略论南京出土的孙吴人面纹瓦当对朝鲜半岛的影响》，刊江苏省文物局编《2007江苏省文博论文集》，南京出版社，2008年。

19) 韦正：《试谈韩国出土钱纹陶器的时代》，《东南文化》2011年第2期。此外，还有学者对与钱纹陶瓷器相关的南方地区汉晋墓葬出土的"罍形罐"进行分析考察，参见吴桂兵：《浙东地区汉晋墓葬因素的外向发展—以"罍形罐"为例》，宁波市文物考古研究所编《宁波文物考古研究文集》，科学出版社，2008年。

其他地区出土者时代比前者晚，大约在4世纪后半。[20]

　　2010年11月，我在韩神大学校博物馆第一次对风纳土城出土的大型施釉陶器零距离考察，第一感觉是它们与我所熟悉的六朝建康城遗址已获孙吴、西晋钱纹陶瓷器绝不相同，这与贺云翱见解略同，而韩芝守也承认在已经发表的中国钱纹陶瓷器中，"并没找到与百济地区出土的施釉陶瓮相似的器物"。2011年10月，又承韩国瓦当学会盛意，专门安排我在会前观摩韩国国立文化财研究所新获风纳土城施釉陶器标本。所见标本虽不及韩神大学校博物馆修复完整，但因未经火烧，釉层保存如初，观之器形、胎釉、钱纹装饰及内壁制作痕迹后，我有一种似曾相识之感。回国后，我即组织力量在南京六朝建康城遗址中加强寻觅。不数月，果然有所突破，我们先后在北京东路和平公园、中山东路55所、颜料坊等多个工地南朝地层中发现类似的南朝施釉陶器标本。11月，又在刚刚结束发掘的浙江德清窑址找到相近制品[21]，为以下比较研究提供了条件。

　　风纳土城出土的施釉陶器，可辨器形者，均为大型厚胎陶瓮，未见中小型薄壁陶罐及瓷罐，其胎质均极粗糙，多夹粗砂及石粒，内外器壁加施黑釉和褐釉两类，未见施青釉者，器身拍印的钱纹内有分区轮廓线，下腹多拍印无界隔的细密

---

[20] (韩)韩芝守：《百济遗迹出土的中国产施釉陶器研究》，刊韩国国立公州博物馆等编《中国六朝瓷器》，2011年；(韩)韩芝守：《百济风纳土城出土施釉陶器研究—以庆堂地区196号遗迹出土品与中国资料的比较为中心》，《百济研究》第51辑，忠南大学校百济研究所，2010年。

[21] 承德清窑遗址考古发掘领队、浙江省文物考古研究所郑建明研究员邀请，特此致谢。

试论韩国首尔风纳土城的三个问题

〈图2〉风纳土城出土的A类大型施釉陶瓷

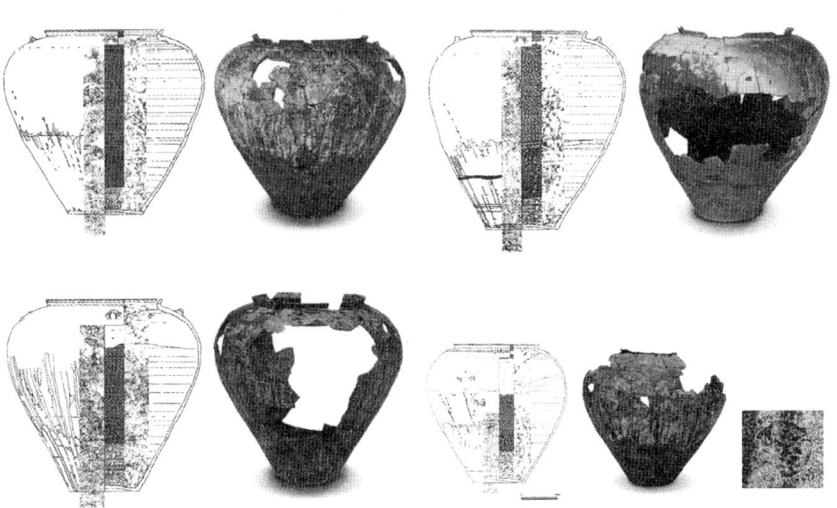

〈图3〉风纳土城出土的B类大型施釉陶瓷

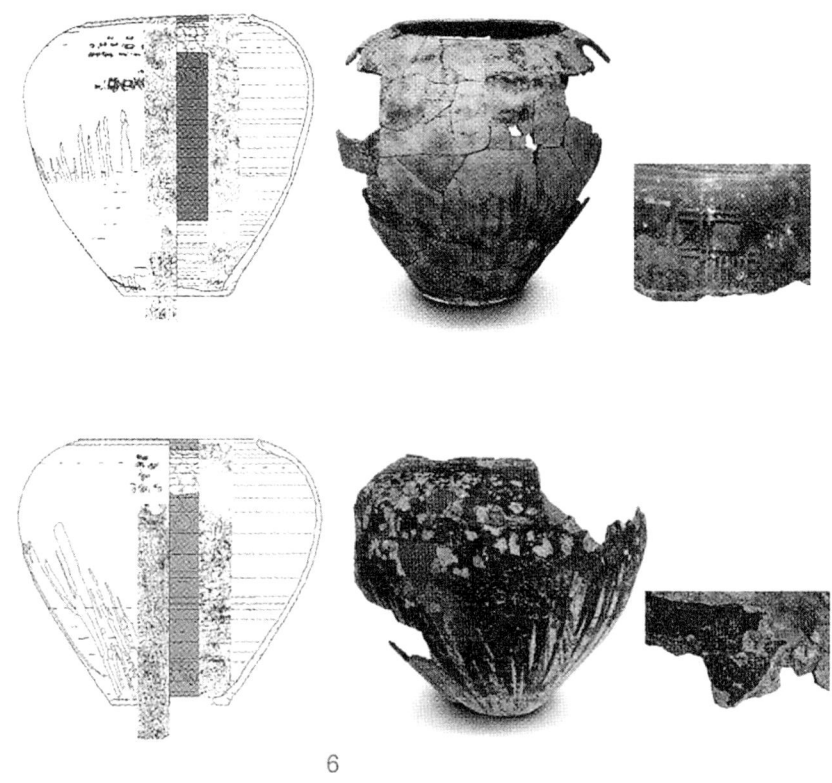

〈图4〉风纳土城出土的C类大型施釉陶瓷

斜网纹(或称布纹),且普遍垂釉。因器体厚重,其内壁常见一个个近圆形手捺痕,以加固器身。以上这些现象,都和中国大陆习见的孙吴、西晋及东晋早期中小型钱纹陶瓷器[22]存在明显的区别。按照口沿的不同,此类施釉陶瓷大体可分为

---

22) 考古发现证明,六朝瓷器面貌的改变在东晋中期,东晋初年与西晋几难区分。

三大类[23]：A类，直口有颈，所知似乎均为褐釉，胎釉结合较差，脱釉严重。器身罕见拍印钱纹，其中不少为未拍印任何图案的素面器(图2)；B类，侈口矮领，器肩以附系为常，多施褐釉，釉层较薄，器身拍印钱纹较少(图3)；C类，敛口无颈，多施黑釉，褐釉较少，胎釉结合较好，脱釉相对较轻。器身拍印钱纹者较多，部分因所施黑釉厚润，其下钱纹则显得模糊(图4)。

在近年六朝建康城遗址的发掘中，与A类施釉陶瓷接近的标本目前暂未获见，但与B、C类器相似的褐釉、黑釉陶瓷标本，则在南京城中北京东路和平公园、中山东路55所、新街口广厦三期、城南颜料坊等工地多有发现，无论器形、胎釉、器体拍印的钱纹及非块状细密斜网纹，还是制作技法，大都如出一辙，唯器肩附系者不多。根据层位关系、伴出遗物，特别是和平公园和中山东路55所两工地未见早于南朝之地层，可知南京出土的此类褐釉、黑釉钱纹陶瓷时代多为南朝中晚期(图5、6、7、8)[24]。考虑到建康城遗址出土者腹部更为修长，似乎比风纳土城所见B、C类器稍晚。

---

23) 细分则有10多种，参见前引韩芝守两文。
24) 六朝建康城遗址联合考古队资料，待整理发表。

동북아시아 속의 풍납토성

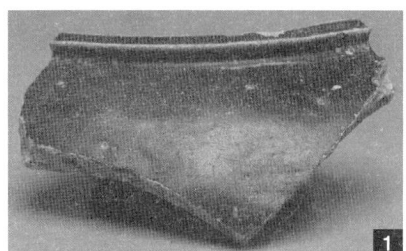

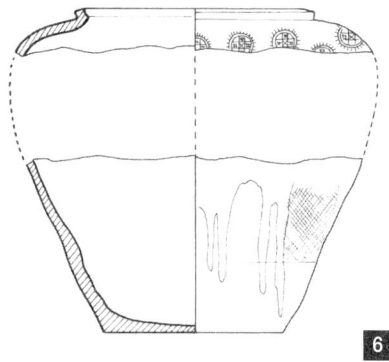

〈图5〉南京中山东路55所工地出土的南朝黑釉钱纹陶瓮
(1：口沿残片外壁；2：口沿残片内壁；3：局部厚釉下模糊的钱纹；4：下腹残片外壁；5：下腹残片内壁；6：复原线图)

试论韩国首尔风纳土城的三个问题

〈图6〉南京和平公园工地出土的南朝施釉陶瓷残片 (1、2：残片1外壁及内壁；3、4：残片2外壁及内壁；5、6、7：残片3外壁、内壁及器胎；8、9：残片4外壁及内壁)

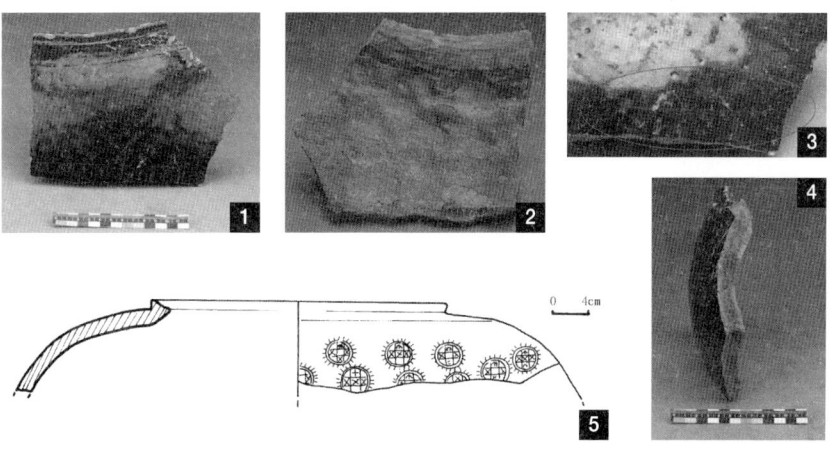

〈图7〉南京颜料坊工地出土的南朝黑釉钱纹陶瓷残器 (1：残器外壁；2：残器内壁胎表所附的两层凝结层；3：外壁局部厚釉下的钱纹；4：器胎；5：残器线图)

55

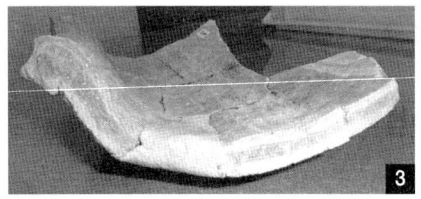

〈图8〉韩国国立文化财研究所新获大型黑釉陶瓷标本 (1：外壁；2：厚釉下模糊的钱纹；3：厚重夹砂的器胎)

　　表面上看，风纳土城三类施釉陶瓷器形不一，但它们多同时出自推测属于百济王室仓库的庆堂地区196号大型竖穴遗迹中，其总数竟达33件之多，可见其间不会有太大的时代之别，或仅因来自不同窑场而已。又需重视的是，该遗迹中出土的包括施釉陶瓷在内的"所有陶器均因高温而损坏，从修复后的陶器来看，有可能是突然遇到意想不到的火灾而导致被烧毁、废弃"[25]。这个"突然"的火灾颇疑即后文介绍的盖卤王二十一年(475年)九月，百济王都汉城陷落之际，高句丽军队的纵火焚烧。由此看来，这些施釉大陶瓷时代应在百济王都汉城被毁之前，即南朝早期的刘宋。

　　通过比较，我们认为风纳土城迄今所见能够修复完整的大

---

25) 参见前引朴淳发文。

试论韩国首尔风纳土城的三个问题

〈图9〉韩国国立文化财研究所新获大型施釉陶瓷残片

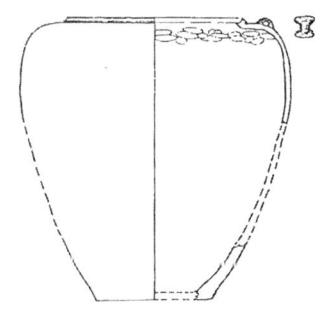

〈图10〉扶安竹幕洞祭祀遗迹出土的施釉陶瓷

〈图11〉公州水村里Ⅱ-4号坟出土的黑釉钱纹陶瓷、黑釉鸡首壶和黑釉盘口壶

57

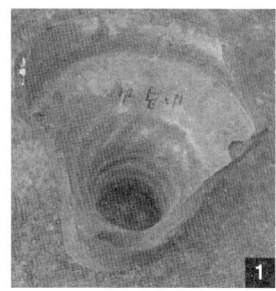  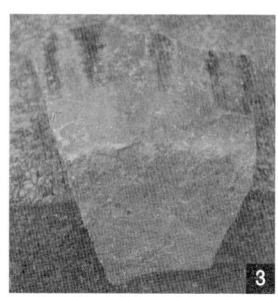

〈图12〉浙江德清县小马山窑址出土的南朝陶瓷器标本
(1：瓷盘口壶残片；2：釉陶瓮残片内壁；3：釉陶瓮残片外壁及底)

    部分中国产施釉陶器的时代为南朝早期，仅少数如2011年我在韩国国立文化财研究所考察所见的一类施釉陶器残片，下腹拍印以复线界隔的块状斜网纹(图9)，其时代可能比前两类稍早，属于东晋中晚期。

    风纳土城之外的首尔梦村土城、石村洞、龙仁古林洞、洪城神衿城、公州水村里、扶安竹幕洞等百济遗址和墓葬，亦见出土有中国产施釉陶器。从已刊布的资料判断，它们与风纳土城所见者没有太大区别，亦属瓮类大器，均为东晋、南朝之物，未见典型的孙吴、西晋钱纹陶瓷器。其中扶安竹幕洞祭祀遗址发现的一件大型黑釉陶瓮(图10)，除肩部的竖系外，其造型、施釉方法等都与南京55所工地所见(图5)别无二致，属于同一窑口的南朝之物。而公州水村里Ⅱ-4号坟出土的一件中型黑釉钱纹敛口陶瓮，高33.3厘米，胎质与其他施釉陶器有别，根据同墓出土的黑釉鸡首壶和双系盘口壶判断，其时代应为东晋晚期至南朝早期(图11)。百济故地所见这些施釉陶瓷多器体庞大，除个别稍小者出自公州水村里Ⅱ-4号坟等墓葬外，余均发现于各类遗址，这亦与东晋、南朝此类钱纹釉陶瓷极少见于墓葬，而主要出自建康城等城址的现象一致。

目前已知，中国南方的湘阴窑、越窑、婺窑、宜兴窑等曾烧制钱纹陶瓷器。此外，江苏溧阳境内还发现东汉至六朝早期专门烧制钱纹陶瓷器的窑址。[26] 但这些窑址出土的钱纹陶瓷器时代多为孙吴、西晋，似乎与百济故地发现的东晋、南朝施釉陶器无涉，韩国学者推测其境内施釉陶器的制作地点在中国太湖流域。其实，近年的考古发掘已经获知，浙江德清窑烧制施釉陶器的历史从东汉一直延续至南朝以后[27]，不仅窑址屡见南朝厚胎釉陶瓷残片（图12），其周边还出土有与风纳土城B类施釉大陶瓮相近的完整器（图13）[28]，可见德清窑极有可能是包括风纳土城在内的百济大型施釉陶瓷的主要烧制窑口。

与其时代、窑口一样引人注目的还有，风纳土城出土的这批施釉陶器的用途，由于在器内发现了鲐鱼及鲅鱼等骨骸，故韩国学界一般推测它们用来保管王室食用的贵重食物鱼酱。然而中国南方并没有食用鱼酱的传统[29]，且朝鲜半岛渔

---

26) 同17。
27) 参见郑建明、徐欢：《德清窑略论稿》，刊德清县博物馆编《玄翠子甃—德清窑馆藏精品与瓷窑址考古成果展》，西泠印社出版社，2012年。
28) 前引《玄翠子甃—德清窑馆藏精品与瓷窑址考古成果展》图录第33页，收录浙江长兴博物馆所藏一件大型敛口钱纹褐釉陶瓮，口径36.5、最大腹径66、底径25、高56.5厘米。需要说明的是，图录标注该器时代为三国。然据经办该器入藏的梁奕建馆长介绍，它是2004年3月长兴县林城镇大云寺村居民建房时发现，出土时没有其他文物与之伴出。今观其器形、钱纹特征等，实有可能是南朝之物。
29) 中国黄河流域有食用鱼酱传统，北魏贾思勰撰《齐民要术》卷八介绍有各种鱼酱加工方法，第468、470页，上海古籍出版社，2009年。

〈图13〉浙江博物藏南朝釉陶瓮

产之丰饶不逊大陆，盛装鱼酱只是这些施釉大陶瓮从南朝运抵百济之后的再利用，当年它们远涉重洋之时最初的盛装物品究竟是什么，这才是问题的关键。

关于中国大陆出土的这一时期钱纹陶瓷器内的盛装物品，以往所知有如下线索：1935年，南京中和桥附近有钱纹陶器残片与梁代泥钱范同时伴出[30]。1955年，江苏徐州云龙山东麓发现一件钱纹陶罐残片，残片上有530枚五铢钱，附近还出土有汉代铜范[31]。1973年，在江苏丹徒县高资村窖藏出土的一件钱纹灰陶大瓮内，发现有140多公斤的两汉、三国及东晋时期的各类铜钱[32]。据此，近年有学者认为，这种模印钱纹的罐、瓮等容器用以盛置钱币，是当时人们祈求财富的一种心理表现[33]。以上3例中，中和桥钱纹陶器残片是采集品，非属原生堆积，其时代及与钱范的关系都不能得到确认，其他两例一是非常

---

[30] 商承祚：《记南京出土之梁五铢泥范》，《金陵学报》第5卷第2期。
[31] 张寄庵：《徐州市云龙山发现北朝末期墓葬及汉代五铢钱范》，《文物参考资料》1955年第11期。
[32] 镇江市博物馆：《江苏丹徒东晋窖藏铜钱》，《考古》1978年第2期。
[33] 邵磊：《对南京通济门草场圩萧梁铸钱遗存的整理》，《中国钱币》2003年第1期。

时期的应急之举，一是非常之地的偶然现象，还不足以说明一般钱纹陶瓷器内盛装何类物品。尤其值得重视的是，浙江衢县街路村西晋元康八年(298年)墓[34]、湖北鄂州孙吴"孙将军"墓[35]、安徽南陵县麻桥孙吴墓[36]、安徽马鞍山孙吴朱然及其家族墓[37]、浙江安吉天子岗3号墓[38]等孙吴、西晋墓葬出土的钱纹陶瓷器内皆未发现盛装钱币的现象，更可证实它们并非专门用来盛装钱币。事实上，汉代至孙吴、西晋时期的此类中小型钱纹陶瓷器，作为没有明显等级之别的一般普通容器，应该主要用来盛装酒、水等液态物品，当然也可以临时盛装钱币等固态物品，其上的钱纹等图案仅是表达信仰的一种装饰，与其用途没有直接关联。

现在需要重点讨论的是，包括风纳土城在内的百济故地出土的东晋、南朝大型施釉陶器的用途。其实，此类胎壁极其厚重的大型施釉陶器，从器形上一望可知是储酒的酒瓮，在1980年代之前的中国南方农村到处可见类似的酒瓮。而据文献记载，中国魏晋南北朝时代的确普遍以瓮储酒[39]。如《世说新语·任诞第二十三》："诸阮皆能饮酒，仲容(阮咸)至宗人间共

---

34) 衢县文化馆：《浙江衢县街路村西晋墓》，《考古》1974年第6期。
35) 鄂城县博物馆：《鄂城东吴孙将军墓》，《考古》1978年第3期。
36) 安徽省文物工作队：《安徽南陵县麻桥东吴墓》，《考古》1984年第11期。
37) 安徽省文物考古研究所等：《安徽马鞍山东吴朱然墓发掘简报》，《文物》1986年第3期；马鞍山市文物管理所：《安徽省马鞍山市朱然家族墓发掘简报》，《东南文化》2007年第6期。
38) 程亦胜：《浙江安吉天子岗汉晋墓》，《文物》1995年第6期。
39) 《三国史记》见有高句丽"酒桶村"地名，颇疑三国时代朝鲜半岛一般以桶盛酒。

集，不复用常梧掛酌，以大瓮盛酒，围坐，相向大酌。"40)甚至酿酒亦用瓮，《晋书·毕卓传》载："太兴(318—321年)末，(毕卓)为吏部郎，常饮酒废职。比舍郎酿熟，卓因醉夜至其瓮间盗饮之，为掌酒者所缚，明旦视之，乃毕吏部也，遽释其缚。卓遂引主人宴于瓮侧，致醉而去。"41)《殷芸小说》卷七："羊稚舒琇冬月酿酒，令人抱瓮暖之，须臾复易其人。酒既速成，味仍嘉美。"42)

幸运的是，为配合南京城市建设，在我主持的六朝建康城遗址考古发掘中，近年又获两条重要线索。

其一，2001年底至2002年初，今珠江路北侧、太平北路东侧"华能城市花园"工地出土遗物甚多，其中以数量庞大的南朝大型酱褐釉陶瓮残器最为特殊，其造型颇类风纳土城大型施釉陶器43)。对其用途，当时笔者不得其解，近查文献获知，大宝二年(551年)十月，梁简文帝萧纲被侯景废杀于台城永福省，初曾"以薄棺密瘗于城北酒库"44)。今北门桥下一线水道乃南朝建康都城之北濠，该工地正在此濠之北，现在看来其

---

40) 刘宋·刘义庆编、余嘉锡笺疏：《世说新语笺疏》卷下之上《任诞第二十三》，第734页，中华书局，1983年。
41) 《晋书》卷四十九《毕卓传》，第1381页，中华书局，1974年。
42) 《殷芸小说》卷七《晋江左人》，第1042页，辑之《汉魏六朝笔记小说大观》，上海古籍出版社，1999年。又，北魏贾思勰《齐民要术》卷七详记以瓮酿酒之法，可参看。
43) 同24。
44) 《梁书》卷五十六《侯景传》，第858页，中华书局，1973年；《南史》卷八《梁简文帝纪》亦记："(王)伟撤户扉为棺，迁殡于城北酒库中。"第233页，中华书局，1975年。

地当为南朝酒库,而出土的这些大型釉陶器则是库中酒瓮。

其二,2009年7月至2010年8月,在城南颜料坊地块的大规模考古发掘中,获得不少孙吴至南朝时期的钱纹陶瓷器残片。其中一件南朝黑釉大陶瓮残片(G7:188)敛口,溜肩,胎内夹砂,器壁厚达1.7厘米,与风纳土城B类器肖似。其外壁肩部拍印的钱纹,因其上覆盖有厚黑的釉层而模糊不清。其内壁可见一个个接胎时的手按痕,壁面满施一层较薄的褐釉,釉上遗有两层薄薄的灰褐色附着层,显因瓮内长期盛装液态物品凝结形成(图7:2),而能够形成这种凝结层的传统饮品,最大可能就是中国南方常见的未经过滤的富含糟滓的米酒,或称醴、醴酒、酒酿、甜酒、醪糟、酒糟等。[45]

要之,我认为,包括风纳土城施釉陶器在内的东晋、南朝时期大型釉陶瓷,其内原来的盛装物应该是各类酒品。因为体形硕大,满盛酒品后更加沉重,故其胎壁必须厚重;又因酒品有易挥发、易渗漏的特性,故其内外壁均须施釉。

然而早在公元一世纪,百济即已掌握了酿酒技术,《三国史记》卷二十三《百济本纪一》载:"(多娄王)十一年(38年)秋,谷不成,禁百姓私酿酒。"且百济"五谷、杂果、菜蔬及酒醴肴馔之属,多同于(中国)内地"[46],甚至百济武王和义慈王还

---

[45] 其内壁附着层曾请南京大学分析中心进行检测,惜未能成功检获其有机成分。
[46] 《北史》卷九十四《百济传》,第3120页,中华书局,1974年。亦见《周书》卷四十九《异域传上·百济》及《太平御览》卷七百八十一《四夷部二·东夷二·百济》。

雅好饮酒⁴⁷⁾。在此情形下，百济仍不断由中国大陆输入酒饮，只能使人联想到南朝的酿酒更加醇美，更受百济王室和贵族欢迎。而南朝都城建康确实出产淳厚甘甜的美酒，刘宋元徽年间（473—477年），吴郡人顾宪之曾为建康县令。他"性又清俭，强力为政，甚得民和，故京师饮酒者得醇旨，辄号为'顾建康'，言醑清且美焉。"⁴⁸⁾所以，如果东晋、南朝政权曾经以美酒大量赏赐来贡的百济使臣，或者百济使臣直接在建康购置美酒，也都在情理之中。

概言之，经与中国南方各地出土的汉至南朝时期钱纹陶瓷器比对，风纳土城迄今所见包括钱纹陶器在内的大型施釉陶瓮的时代均属东晋中后期至南朝早期，即约4世纪后半至5世纪中后，而以5世纪中后的刘宋数量最多，其他百济遗址和墓葬发现的同类器也未见孙吴、西晋者。这些大型施釉陶瓮推测多为浙江德清窑烧制，其内最初远输到百济的盛装物应该是各类美酒，而始发地则可能就是东晋、南朝的国都建康城。风纳土城所见中国产大型施釉陶瓮的时代之争可以尘埃落定。

---

47) 《三国史记》卷二十七《百济本纪五》："（武王三十七年）三月，王率左右臣寮，游燕于泗沘河北浦。两岸奇岩怪石错立，间以奇花异草，如画图。王饮酒极欢，鼓琴自歌，从者屡舞。"第206页。卷二十八《百济本纪六》："（义慈王）十六年春三月，王与宫人淫荒耽乐，饮酒不止。"第208页。（日本）学习院东洋文化研究所刊，1964年。

48) 《梁书》卷五十二《顾宪之传》，第758页。亦见《南史》卷三十五《顾宪之传》，第922页。

Ⅲ. 风纳土城的时代与性质

因百济国都先后有汉城（包含慰礼城、河南慰礼城）、熊津、泗沘三座，故一般依此将百济历史划分为称汉城时代（？-475年）、熊津时代（475-538年）、泗沘时代（538-660年）。其中熊津、泗沘两都已公认在今忠清南道公州和扶余，但其早期都城位置及其迁徙线路，数百年来一直争论不休，迄今未能达成一致意见。风纳土城连续发掘后，韩国学者多倾向它就是百济最初的王城—河南慰礼城，后来的王都汉城是在其基础上发展起来的，并毁废于盖卤王二十一年（刘宋元徽三年，475年）高句丽长寿王攻陷汉城之际。风纳土城未见任何纪年材料，其断代主要参考城内出土的来自中国的陶瓷器，而其中时代最早者，即前述一度认为属西晋的钱纹施釉陶瓷，故此城推定始筑于3世纪中后叶左右；另外一个依据是，《三国志·魏书·东夷传》记载，曹魏时带方之南的马韩所领的50余国中有伯济一国[49]，既然早在3世纪中叶左右伯济（百济）国就已存在，那么作为国都的风纳土城始筑于此时便不难理解[50]。

然而，风纳土城出土的中国施釉陶器，前文已详析其时代为东晋中后期至南朝早期，那么风纳土城到底始筑于何时？

除了施釉陶器外，风纳土城还出土了一些中国瓷器残片，有青釉和黑釉两类，可辨器形有罐、盘口壶（或鸡首壶）、

---

49) 《三国志》卷三十《魏书·东夷传》，第849页，中华书局，1959年。
50) 参见前引朴淳发、权五荣二文。

〈图14〉饰水波纹的瓷器 (1：风纳土城出土的瓷罐残片；2：浙江苍南吴家园水库刘宋元嘉二十三年 (446年) 墓出土的青瓷鸡首壶)

碗。这些残片上均未发现孙吴、西晋至东晋早期瓷器上常见的细网格纹、蕉叶纹、连珠纹、铺首等，其盘口及深腹的造型更接近东晋中后期以降至南朝器形。比较特殊的是一件肩部装饰水波纹的青瓷罐(？)残片，这种水波纹虽发现于南京仙鹤观孙吴5号墓同类直口罐[51]，然相近纹样亦见于浙江苍南县吴家园水库南朝刘宋元嘉二十三年(446年)墓青瓷鸡首壶之器肩(图14)[52]，可证其延用时间较长，只是东晋以降不太常见而已，且此罐仅见局部口沿及上腹部残片，完整器形不得而知，其时代不能排除属东晋晚期至南朝早期的可能性。

总之，风纳土城所见包含施釉陶器在内的中国陶瓷器中，没有明确早于东晋中晚期者。因此，依据遗址出土的中国陶

---

51) 南京市博物馆：《南京仙鹤山孙吴、西晋墓》，《文物》2007年第1期。
52) 浙江省博物馆编：《镇江纪年瓷》图版139，文物出版社，2000年。

瓷器，推导风纳土城始筑于3世纪中后叶的结论便不能成立。

事实上，不仅风纳土城如此，迄今百济故地发现之中国陶瓷器[53]亦鲜见东晋早期之前遗物，只有两例[54]堪称特殊：其一是国立中央博物馆所藏传出开城(在今朝鲜境内)的一件西晋青瓷虎子。不过，其来历不明，且一般认为西晋时期今开城辖域属带方郡故地，似与百济无关；其二是江原道原城郡法泉里2号坟出土的一件青瓷羊形烛台，其造型虽与南京北郊象山东晋早期7号墓同类器[55]非常相似，但该墓属夫妇3人同室合葬性质，包括青瓷羊形烛台在内的部分遗物时代应为东晋中期[56]，其同类器还见于浙江金华古方东晋中后期2号墓中[57]。最近有韩国学者在梳理中国出土和传世三国两晋"青瓷羊形器"之后，也认为法泉里2号坟出土的青瓷羊形烛台比南京象山7号墓同类器晚，此类青瓷羊形器流行于东晋，

---

53) 参见(韩)赵胤宰：《略论韩国百济故地出土的中国陶瓷》，《故宫博物院院刊》2006年第2期。
54) 又据(韩)权五荣：《试论关于百济文物交流形式的类型》一文注释9，国立中央博物馆还藏有一件青瓷盘口壶(?)，肩饰斜网纹，腹附3个铺首，推定时代为西晋-东晋初年。此器购于1914年，传自熊川出土。笔者未见实物及图片，不敢妄加评论，不知是否与马韩相关，而马韩与西晋的交流甚为频繁。
55) 南京市博物馆《南京象山5号、6号、7号墓清理简报》，《文物》1972年第11期。
56) 因墓主入葬有先后，该墓随葬遗物存在明显的早晚之别，稍早的一组可以青瓷兽足灯、虎子及饰有铺首、圆形芝麻花纹、方格纹等图案的盘口壶、罐等为代表，时代为东晋早期；稍晚一组可以鸡首壶及饰酱斑的盘口壶、香熏、碗、器盖等为代表，其时代为东晋早期偏晚乃至东晋中期。参见王志高：《南京大学北园东晋大墓时代及墓主身份的讨论—兼论东晋时期的合葬墓》，《东南文化》2003年第9期。
57) 金华地区文管会：《浙江金华古方六朝墓》，《考古》1984年第9期。

直到南朝才彻底消失[58]。若再考虑海况险恶，以及百济与东晋仅成功通交3次的实情，法泉里2号坟的这件珍贵瓷器到达百济之日，距离其烧制无疑已有一定的时差，或已至东晋晚期亦未可知。因此，我们有理由相信，在吞并带方及残余马韩部落、彻底击败高句丽的近肖古王之前，百济还不具备与吴、晋直接国交的实力与条件[59]，百济故地迄今所见中国陶瓷器推测多是近肖古王二十七年（东晋咸安二年，372年）之后百济与东晋、南朝诸政权朝贡外交的文化遗产。

我们再来看看百济立国及早期国都迁徙的文献记载。百济与高句丽同出北扶余一支，两国共奉东明王朱蒙为始祖。朱蒙首先在卒本扶余地区创立高句丽国，立长子类利为太子（即后来高句丽琉璃王）。其次子沸流与三子温祚恐为太子不容，遂率部南徙，并由温祚创建百济国。关于百济国都之播迁，《三国史记》卷三十七《地理志四·百济》引《古典记》云："东明王第三子温祚，以前汉鸿嘉三年（前18年）癸卯，自卒本扶余至慰礼城，立都称王，历三百八十九年。至十三世近肖古王，取高句丽南平壤，都汉城，历一百五年。至二十二世文周王移都熊川，历六十三年。至二十六世圣王移都所夫里，国号南扶余，至三十一世义慈王，历年一百二十二。至唐显庆五年

---

58) （韩）李廷仁：《魏晋时代"青瓷羊形器"研究》，韩国国立公州博物馆等编《中国六朝瓷器》，2011年。
59) 从日本奈良天理市石上神宫所藏的百济赠送倭王的"七支刀"上"泰和四年（369年）"的铭文看，在史籍记载的百济、东晋首次通交的372年之前，近肖古王治下的百济可能已与东晋交流，并曾奉行东晋年号。这个问题比较复杂，留待专文探讨。

(660年),是义慈王在位二十年,新罗(金)庾信与唐苏定方讨平之。"据此可知,百济早期都城有二:一为慰礼城,自温祚立国至近肖古王二十六年(371年),凡389年;一为汉城,自近肖古王二十六年至盖卤王二十一年(475年)文周王迁都熊津,凡105年。

然而,种种线索表明,定都汉城之前的慰礼城曾经历数次迁徙。据《三国史记》卷二十三、二十四《百济本纪》记载,百济立国之初,温祚率领乌干、马黎等十臣及百姓"至汉山,登负儿岳,望可居之地,沸流欲居于海滨。十臣谏曰:'惟此河南之地,北带汉水,东据高岳,南望沃泽,西阻大海。其天险地利,难得之势,作都于斯,不亦宜乎?'沸流不听,分其民,归弥邹忽以居之。温祚都河南慰礼城,以十臣为辅翼,国号十济,是前汉成帝鸿嘉三年也。沸流以弥邹土湿水咸,不得安居,归见慰礼都邑鼎定,人民安泰,遂惭悔而死,其臣民皆归于慰礼。后以来时百姓乐从,改号百济。"至温祚王十三年,因"国家东有乐浪,北有靺鞨,侵轶疆境,少有宁日",乃决定迁都于"汉水之南、土壤膏腴"的汉山。"秋七月,就汉山下立栅,移慰礼城民户。八月,遣使马韩,告迁都。遂画定疆场,北至浿河,南限熊川,西穷大海,东极走壤。九月,立城阙。十四年春正月,迁都……秋七月,筑城汉江西北,分汉城民。十五年春正月,作新宫室,俭而不陋,华而不侈。"近肖古王二十六年冬,"王与太子帅精兵三万侵高句丽,攻平壤城,丽王斯由力战拒之,中流矢死。王引军退,移都汉山。"随后,近肖古王于二十七年(372年)正月及二十八年二月,连续两年遣使入晋朝贡，正式开始与东晋王朝的通交[60]。

  不过，仔细分析上述记载，就会发现不少破绽。既然温祚王立国之时已"至汉山"，并建都于"北带汉水"的"河南之地"，何来之有温祚王十四年再迁都"汉水之南"的汉山，以及近肖古王二十六年"移都汉山"？《三国遗事》认为温祚王初都之河南慰礼城在今忠清南道天安市稷山，十四年移都之汉山在今广州市域，近肖古王移都为北汉城，在今汉江之北的杨州市域[61]，也难以自圆其说。如所周知，高句丽政权建立之初，其势力仅限于中国东北吉林省的浑江流域，建都于桓仁县境，至四世纪初才占领乐浪，发展到朝鲜半岛北部[62]。百济政权乃由新生高句丽析出，其立国之际即自辽东横跨朝鲜半岛北部，再向南穿越乐浪郡境迁徙至今半岛中部的首尔，着实让人不可思议。前引文献记载，当时百济面临的最大困境是"东有乐浪,北有靺鞨"的频繁侵扰，如果此际国都已至"北带汉水"的汉山，则应称"北有乐浪"，而不是"东有乐浪"，所以立国之初的慰礼城只能在乐浪之西的辽东。正是为了摆脱乐浪、靺鞨，温祚王十四年才决定迁都至"河南之地"，都城仍称慰礼城，或称"河南慰礼城"，以示与旧都的区别。这里的"河"颇疑是浿河(今大同江)，或是其南的某一河流，断不可能是指今首尔的汉江。而所谓

---

60) 《三国史记》卷二十三《百济本纪一》、卷二十四《百济本纪二》, 第178、179、188、189页。
61) 《三国遗事》卷二, 第156页, (韩)财团法人民族文化推进会发行, 1973年。
62) 魏存成:《高句丽考古》, 第5、13页, 吉林大学出版社, 1994年。

"北至浿河,南限熊川,西穷大海,东极走壤"疆界的"画定",也不可能与温祚王有关,这分明是四世纪中后期横空出世的近肖古王开疆拓土的英举[63]。《三国史记》的这些明显错乱,朴淳发怀疑是后来追记的失误,所见极是。至于温祚王十四年之后到近肖古王之世,百济国都慰礼城有没有再迁,文献没有明确记载。有观点推测慰礼城曾迁至今汉江南岸的河南市,故称"河南慰礼城"。这种可能性虽然存在,但不会属于温祚王时代,而应在其后。这种不因迁址而更改城名的现象,百济慰礼城不是孤例,高句丽"平壤城"也是如此。根据古代文献以及《好太王碑》等金石铭文的相关记载,平壤城先后有三个,即上平壤、下平壤和南平壤,上平壤为今集安市区国内城,下平壤为今平壤长安城故址,而南平壤则为今平壤长寿山城南的平地城。[64]

近肖古王之世(346—375年在位)是百济历史上的全盛时代,他先后拿下带方郡、马韩残余部落,将洛东江以西的伽倻纳为臣属之后,又在371年夺取劲敌高句丽所占的乐浪故地南平壤城,射杀高句丽故国原王,一度控制包括京畿道、忠清道、全罗道和部分江原道和黄海道在内的朝鲜半岛的大部分地区,实现了百济领土的最大扩张。他在当年"移都汉山"的举措,以

---

[63] 《三国史记》百济本纪中记在温祚王名下的不世勋业甚多,如灭马韩等,不少属于传说性质,也没有得到中国方面文献的证实,大概都是为了突出其百济始王的特殊地位。
[64] 参见苗威:《高句丽"平壤城"考》,《中国历史地理论丛》第26卷第2辑,2011年4月。

及次年的首次遣使东晋之行,都是在这一背景下发生的。咸安二年(372年)六月,东晋简文帝封拜近肖古王为镇东将军,领乐浪太守[65],可以视为大陆政权对百济从高句丽手中夺占乐浪郡地的认可,这也是近肖古王首次遣使东晋的最重要外交收获。

我们认为,首尔汉江南岸发现的风纳土城可能就是371年近肖古王"移都汉山"的百济国都,此前的慰礼城则可能多是百济、高句丽历史上常见的以防御为目的的山城。近肖古王敢于移都于汉江之滨的平地土城,正可反映其时国力强盛、周围劲敌皆已扫灭。从这个意义上说,进可越江攻伐、退可据江为守的风纳土城,可谓盛世百济之产物。需要关注的还有,近肖古王是"移都汉山",而不是创都汉山,说明之前已有城池或聚落,这和风纳土城城内发现早期多重环濠聚落也是吻合的。

近肖古王改移的百济国都称为汉城,见于《三国史记》百济本纪阿莘王元年(392年)条[66]、腆支王元年(405年)及二年条[67]等。此外,阿莘王四年条、东城王四年(482年)及五年条[68]又见汉山城一名,似乎是指国都汉城附近作为协防的一

---

[65] 《晋书》卷九《简文帝纪》:"(咸安)二年春正月辛丑,百济、林邑王各遣使贡方物……六月,遣使拜百济王余句为镇东将军,领乐浪太守。"第221、223页。

[66] 《三国史记》卷二十五《百济本纪三》:阿莘王"生于汉城别宫, 神光照夜。"第191页。

[67] 《三国史记》卷二十五《百济本纪三》:"腆支在倭闻讣,哭泣请归,倭王以兵士百人卫送。既至国界,汉城人解忠来告……(二年)秋九月,以解忠为达率,赐汉城租一千石。"第192页。

[68] 《三国史记》卷二十五《百济本纪三》:"(阿莘王四年)冬十一月,王欲报浿水之

座山城。《三国史记》中汉城一名，大多见于近肖古王迁都汉山之后，只有两例特殊，均在温祚王时代，除前引十四年条外，又见二十五年条云："春二月，王宫井水暴溢，汉城人家马生牛，一首二身。"前文已析，当时都城是慰礼城，这两处"汉城"也应是后人追记之误。又有"北汉山城"，始筑于盖娄王五年（132年）二月[69]。还有"北汉城"一名，比流王二十四年（327年）九月，内臣佐平优福曾"据北汉城叛，王发兵讨之"。[70] 盖娄王、比流王所居均是慰礼城，故此两城（或为同一城）可能是百济在汉江之北建立的军事据点。盖卤王二十一年（475年）九月，高句丽长寿王率兵三万围攻百济王都汉城，盖卤王之子文周王从新罗所求救兵未至，而城破王死。十月，文周王移都熊津[71]。

475年迁都熊津之后的汉城，尽管都城地位不再，但从《三国史记》、《三国遗事》记载的线索分析，高句丽似乎只是短期占领，一段时期内仍是百济派兵驻守的重地。如武宁王七年（507

役，亲帅兵七千人，过汉水，次于青木岭下。会大雪，士卒多冻死。回军至汉山城，劳军士。"第192页。卷二十六《百济本纪四》："（东城王四年）秋九月，靺鞨袭破汉山城……（东城王五年）春，王以猎出至汉山城。"第199页。
69)《三国史记》卷二十三《百济本纪一》，第183页。
70)《三国史记》卷二十四《百济本纪二》，第188页。
71)《三国史记》卷二十五《百济本纪三》："（盖卤王）二十一年秋九月，丽王巨琏帅兵三万来围王都汉城，王闭城门，不能出战。丽人分兵为四道，夹攻，又乘风纵火，焚烧城门。人心危惧，或有欲出降者。王窘不知所图，领数十骑，出门西走。丽人追而害之。"第196页。卷二十六《百济本纪四》："盖卤在位二十一年，高句丽来侵，围汉城。盖卤婴城自固，使文周求救于新罗，得兵一万回。丽兵虽退，城破王死，遂即位……冬十月，移都于熊津。"198页。亦见卷十八《高句丽本纪六》："（长寿王六十三年）九月，王帅兵三万，侵百济，陷王所都汉城，杀其王扶余庆，虏男女八千而归。"第147页。

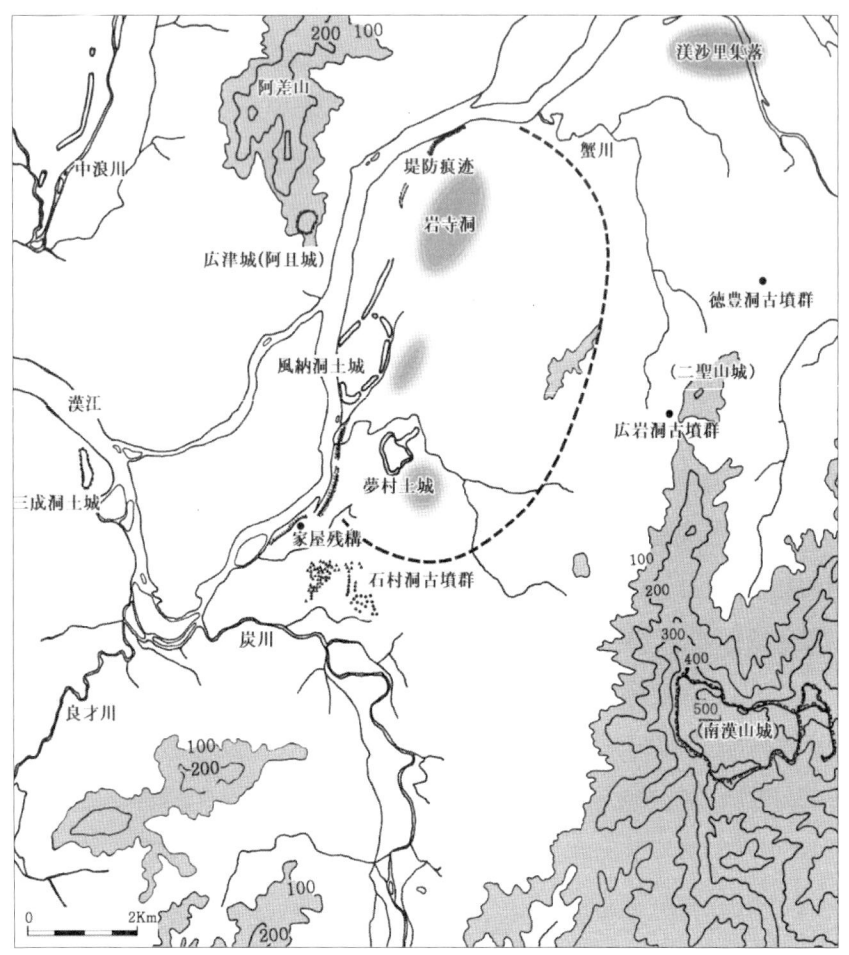

〈图15〉土城村土城位置

年),高句丽欲攻汉城。二十三年,武宁王还曾亲至汉城。[72]大

---

[72] 《三国史记》卷二十六《百济本纪四》:"(武宁王七年)冬十月,高句丽将高老与靺鞨谋,欲攻汉城,进屯于横岳下……二十三年春二月,王幸汉城……三月,至自汉城。"第201页。高句丽欲攻百济汉城事,亦见《三国史记》卷十九《高句丽本

约此后，汉城才先后成为高句丽和新罗的领地[73]。然而此时的汉城是继续沿用旧址，还是起建新城，文献惜无明确记录。我们注意到，风纳土城曾发现一类纹样特殊的莲花纹瓦当，不见于熊津时代和泗沘时代，也与南朝莲花纹瓦当相去甚远，似乎接近高句丽同类遗物，应该与高句丽的占领有关。

令人感兴趣的是，在风纳土城东南相距不到1公里之地，还有另外一座百济土城--梦村土城(图15)。它利用自然丘陵，一部分削土、一部分夯土建成，周长2285米。韩国学界普遍认为汉城时代的百济都城由此二城构成，它们功能互补。位于北边的风纳土城规模大，军事防御性能弱，应是作为都城的大城，而南边的梦村土城虽规模小，但军事防御力强，推定是王居住的"王城"。关于梦村土城时代，因为在城墙夯土中发现了钱纹陶器残片，过去多认为稍晚于风纳土城，始筑于3世纪末-4世纪初，部分城墙在5世纪后期经过了修缮[74]。然如前文所析，梦村土城所出钱纹陶器不早于东晋中后期，现在看来它的始筑年代应该在5世纪以后的南朝早期。这种双城制甚或多城制，是四、五世纪东亚各国都城的普遍现象，如当时的高句丽平壤城就有相距约1.7公里的长寿山城和平地城（或疑即南平壤城）两座[75]。又如当时东晋、南朝的都城建康，

纪七》，第150页。
73) 《三国史记》中关于汉城、北汉山城先后属高句丽、新罗的记载甚多，限于篇幅，不一一列举。
74) 同3。
75) 参见前引苗威文。

除周二十里十九步的都城外，其外围还有东府城、西州城、丹阳郡城、越城、白下城、石头城等，其中最具防御功能者是位于城西长江之滨的石头城。

更为重要的是，百济王都汉城存在南、北双城，在《三国史记》卷二十五《百济本纪三》盖卤王二十一年条就有线索：其年九月，高句丽军队围攻汉城之际，先"攻北城，七日而拔之。移攻南城，城中危恐，王出逃。"可知汉城确有南、北二城，盖卤王所居在南城[76]，先被攻拔的北城军事防御性能不及南城，正与风纳土城契合。同条又记，在此之前，为谋伐百济，高句丽长寿王曾募遣僧道琳作为间谍，极力蛊惑盖卤王"尽发国人，烝土筑城，即于其内，作宫楼阁台榭，无不壮丽"[77]。因之，王都南城颇疑即盖卤王倾举国之力所

---

76)《旧唐书》卷一百九十九《东夷传·百济》亦云"其王所居有东、西两城"，只是不知这是百济哪个时代的都城。第5329页，中华书局，1975年。
77)《三国史记》卷二十五《百济本纪三》详记其事："先是，高句丽长寿王阴谋百济，求可以间谍于彼者。时浮屠道琳应募曰：'愚僧既不能知道，思有以报国恩。愿大王不以臣不肖，指使之，期不辱命。'王悦，密使谲百济。于是，道琳佯逃罪，奔入百济。时百济王近盖娄(即盖卤王)好博弈。道琳诣王门，告曰：'臣少而学棋，颇入妙，愿有闻于左右。'王召入对棋，果国手也。遂尊之为上客，甚亲昵之，恨相见之晚。道琳一日侍坐，从容曰：'臣异国人也，上不我疎外，恩私甚渥，而惟一技之是效，未尝有分毫之益。今愿献一言，不知上意如何耳。'王曰：'第言之，若有利于国，此所望于师也。'道琳曰：'大王之国，四方皆山丘河海，是天设之险，非人为之形也。是以四邻之国，莫敢有觊心，但愿奉事之不暇，则王当以崇高之势，富有之业，竦人之视听，而城郭不葺，宫室不修，先王之骸骨，权攒于露地，百姓之屋庐，屡坏于河流，臣窃为大王不取也。'王曰：'诺！吾将为之。'于是，尽发国人，烝土筑城，即于其内，作宫楼阁台榭，无不壮丽。又取大石于郁里河，作椁以葬父骨，缘河树堰，自蛇城之东，至崇山之北。是以仓庾虚竭，人民穷困，邦之陧杌，甚于累卵。于是，道琳逃还以告之。长寿王喜，将伐之，乃授兵于帅臣。"第196页。

筑，其军事防御力强，时代晚于北城，则与梦村土城契合。

综上所析，我们认为百济早期的都城有慰礼城和汉城。立国之初的慰礼城约在辽东一带，其后慰礼城虽屡经迁址而名称未改，推测在3世纪前后移至汉江流域。汉城作为百济国都的历史，始于近肖古王二十六年(371年)，止于盖卤王二十一年(475年)九月，其主体由南、北两座土城构成。此外，汉江两岸还有多座拱卫王都的山城。据风纳土城出土的中国陶瓷器推断，该城时代相当于东晋中后期至南朝早期，与汉城作为百济都城的历史一致，可能即文献记载中的王都北城，而梦村土城在其东南，推测大筑于盖卤王之世(455-475年在位)即文献记载中百济王所居的王都南城。

（附记：本文所用韩国方面资料插图多引自朴淳发、权五荣、赵胤宰、韩芝守诸师友的有关论文，特此致谢！）

번역문

풍납토성의 세 가지 문제에 대한 시론

王志高(中国南京师范大学)
번역 : 소현숙(원광대학교)

목 차

Ⅰ. 풍납토성이 동시기 동아시아 도성 고고학에서 차지하는 위치와 가치
Ⅱ. 풍납토성 출토 시유 도기의 연대와 용도
Ⅲ. 풍납토성의 시대와 성격

풍납토성은 서울 한강 남안에서 발견된 백제의 초기 도성으로서 백제 초기 역사를 연구하는 데 매우 중요한 위치를 차지하고 있다. 풍납토성은 자료는 물론 연구 방면에서도 한국학계에서 상당히 많은 성과가 축적되었으며[1] 현재 한국 고고학계의 중요한 문제 가운데 하나가 되었다. 백제가 일본과 매우 밀접한 관계를 유지했고 게다가 풍납토성을 일본인이 처음 발견했기 때문에 일본학자의 관련

---
1) 풍납토성 발굴책임을 맡고 있는 한국문화재연구소와 한신대학교박물관이 정리해 출판한 풍납토성 발굴보고서는 2009년까지 적어도 11부에 이르고 있다. 관련 연구서적과 논문이 매우 많아 지면 관계상 일일이 거론하지 않는다.

연구 성과도 적지 않다.[2] 그러나 이런저런 제한으로 말미암아 중국 학자 가운데 풍납토성을 주목한 경우는 적으며, 현재까지 풍납토성만을 다룬 연구도 없다. 최근 한국학자들이 풍납토성의 주요 고고학적 성과를 중국에 소개함으로써,[3] 조만간 이런 현상이 개선될 것으로 생각한다. 필자는 비록 한국의 각종 학술활동에 6차례 참여하여 두 번 정도 근거리에서 풍납토성을 보긴 했지만 주마간산에 불과하여 이에 대한 지식이 매우 빈약하다. 때문에 본고는 현재까지 자료를 참고하고 아울러 필자가 10여년 간 육조 건강성 유지의 고고 발굴에 참여한 경험을 토대로 풍납토성이 동시기 동아시아 도성 고고학에서 차지하는 위치와 가치, 풍납토성 출토 중국 시유 도기의 연대와 용도, 그리고 토성의 시대와 성격 등 세 가지 문제를 시론적으로 제시함으로써 한국학계에 참고자료를 제공하고자 한다. 아울러 본고가 중국학자들의 관심과 연구를 불러일으켰으면 하는 바람도 있다.

Ⅰ. 풍납토성이 동시기 동아시아 도성 고고학에서 차지하는 위치와 가치

풍납토성은 서울 한강 남안에 위치하고 있는데, 평지에 夯土로

---

2) 東朝·田中俊明, 「韓國の古代遺跡2-百濟 伽倻篇」, 中央公論社, 1989; 「百濟漢城時代王都の變遷」, 「朝鮮古代硏究」제1호(朝鮮古代硏究刊行會), 1997 등.
3) 權伍榮, 「百濟最初的王城-風納土城之調査」, 「東南文化」2011년 2기; 朴淳發, 「百濟都城的考古發現與硏究」, 「南京曉庄學院學報」2012년 4기.

구축한 대형 성터다. 성벽 대기의 너비 40m이상, 성벽 높이는 11m를 초과하며 둘레가 3.5km에 이른다. 수년에 걸친 대규모의 발굴로 성의 범위가 명확해졌고 성벽의 구조, 성 안의 주요 공간 배치, 그리고 등급이 매우 높았을 것으로 추정되는 일부 건축군의 분포 및 특징 등이 대부분 분명해졌다. 아울러 이곳에서 수만의 각종 유물(그림 1)이 출토되었다. 성벽의 규모가 거대하고 성 안에서 왕실 성원과 고급 관리가 사용한 것으로 추정되는 진귀한 유물, 그리고 특수한 용도로 사용된 건축 유지 등이 잇따라 발굴되어 풍납토성이 백제 초기의 왕성 유적임이 분명해졌다. 그러나 도성이 된 시기는 물론 성의 규모 등에서 풍납토성은 동시대 중국의 2대 고도인 육조의 건강성 및 漢魏시대의 낙양성과 동일 선상에서 논의될 수 없으며, 심지어 고구려 후기의 왕도인 평양성에도 미치지 못한다. 그러나 출토 유물에서 보이는 문화적 복잡성, 혹은 토성의 국제성을 가지고 논한다면 풍납토성은 기타 고도가 가지지 못한 지위를 가지고 있다. 즉 문헌기록으로 보면 3세기에서 5세기 동아시아 문화교류의 중심지는 여전히 중국의 건강성과 낙양성이지만, 발굴만 놓고 보면 백제 왕도 풍납토성이야말로 동아시아 물질문화 교류의 가장 중요한 중심지 가운데 하나라고 해도 과언이 아니다.

 백제와 동아시아 각국의 문물 교류 유형은 매우 다양하다.[4] 풍납토성에서 보이는 백제 유물과 중국의 관련 유물과의 교류와 영향은 아래의 두 유형으로 나누어 볼 수 있다.

---

[4] 백제의 대외 문물 교류의 유형에 대해서는 權五榮, 『百濟 文物交流 形式의 類型 試論』, 2008.

〈그림 1〉 토성 평면

1. 완제품의 직접 수입

풍납토성에서는 중국에서 수입한 완제품이 비교적 많이 발견된다. 이미 알려진 대로 각종 도자기, 동제 초두, 동제 노기, 동경, 心葉形 금동 대구, 청동 포수, 오수전 등이 있다. 이 가운데 동제 초두와 노기, 동경, 심엽형 대구는 1925년 대홍수 후에 풍납토성의 서남쪽 붕괴 지역에서 노출된 하나의 커다란 항아리(瓮) 안에서 발견된 것이다. 나머지는 모두 최근 발굴품이다. 발굴품 가운데 도자기 수량이 가장 많은데 소수의 흑유 및 青釉 자기인 盤口壺, 罐, 碗의 파편 이외에 錢文도기를 포함한 대형의 시유 도제 瓮이 대종을 이루고 있다. 후술하는 것처럼 이들 커다란 도제 瓮은 동진 중후기에서 남조의 유송시대에 향기로운 술을 담는 방식과 관련되어 있는데, 건강성에서 백제 왕도인 한성에 유입되었을 것이다.

주목할 만한 것은 1925년 대홍수 후에 발견된 커다란 항아리 안에서 나온 동제 弩機이다. 현재 행방불명으로 그 구체적인 형태를 알 수는 없지만 노기의 존재는 백제가 매우 빈번하게 남조 유송에 사신을 파견한 사실을 떠올리게 한다. 백제는 심지어 유송의 '元嘉曆'을 사용했는데[5] 원가 27년(450) 송 분제가 백제에 준 물건 안에 '腰弩'가 포함되어 있다.[6] 커다란 항아리에서 함께 발견된 두 개의 동제 鐎斗가 5세기 후기 남조 유송의 물건임이 밝혀졌는데,[7] 때문에 실종된

---

[5] 『周書』 권49 「異域傳 上·百濟」, 中華書局, 1971, p.887
[6] 『宋書』 권97 「夷蠻傳·百濟」, 中華書局, 1974, p.2394. "원가27년 백제왕 비가 글을 올리고 방물을 바쳤다. …… 표를 올려 易林, 式占, 腰弩를 구했다. 태조가 이를 주었다."
[7] 朴淳發, 「鐎斗考」, 『東亞考古論壇』창간호(충청문화재 연구원), 2005.

노기는 혹시 송 문제가 하사한 요노 가운데 하나일지도 모른다.

2. 기술 및 관념의 전파와 영향

　기술과 관념의 전파는 완제품의 수입보다는 훨씬 높은 수준의 문화교류 형식이다. 풍납토성은 일찍이 중국의 영향을 받았는데, 현재 영향관계를 확인할 수 있는 것은 성벽의 구축, 기와 및 벽돌의 제작 등 두 가지이다. 고고학적 발굴이 증명하듯 풍납토성은 夯土法 이외에 일종의 散草法(鋪葉法이라고도 칭함)을 사용했다. 즉 풀이나 나뭇잎을 깐 다음 흙을 까는 방법으로 제방이나 성곽을 쌓는 방법이다. 안휘성 壽縣에 위치한 安豊塘에 春秋시대 중기 楚의 재상 孫叔敖의 감독 아래 건립한 芍陂塘유지가 있는데 동한 建初 8년(83)에 廬江태수 王景이 산초법을 사용해 이 저수지를 수리했다. 왕경은 낙랑 출신이므로 일반적으로 이와 같은 선진 기술은 중국에서 한반도로, 그리고 다시 일본으로 건너간 것으로 이해되고 있다.[8] 그러나 유감스럽게도 현재 육조시기에 산초법으로 만든 성벽이나 제방은 아직 확인되지 않았으며, 이후 새로운 발견을 기대해본다.

　기와와 벽돌 제작 기술의 영향은 더욱 분명하다. 풍납토성에서 출토한 錢文 와당은 비록 중국에서 아직 발견된 적이 없지만 문양 자체가 중국의 搖錢樹 무늬를 참조했음은 이미 잘 알려진 사실이다. 그리고 獸面文 와당의 도안도 동진 건강성의 동일 와당을 직접

---

8) 殷滌非, 「安徽省壽縣安豊塘發現漢代閘埧工程遺址」, 『文物』1960년 1기; 權伍榮, 「百濟最初的王城-風納土城之調査」, 『東南文化』2011년 2기

적으로 모방한 것이다. 이밖에 慶堂 지역에서 출토된 소수의 암키와 오목 면에는 세로 방향의 대나무 빗 같은 물건이나 바느질통(針縫布筒) 같은 것으로 빗은 듯한 흔적이 있다. 또한 몇몇 표본에서는 진흙판을 붙여 쌓아 만든 선의 흔적이 있는데 이들 또한 육조 건강성의 기와 제작기술 영향으로 추정된다.9) 그리고 출토품 중 무문 벽돌 가운데 끝을 경사지게 칠한 것이 있는데,10) 역시 동진과 남조의 건강성 유지에서 보이는 것으로, 모두 성벽의 겉에 붙이는 성벽 전용 벽돌로 사용되었다. 양자 사이에 어떤 관계가 있는지 여부는 이 벽돌이 출토된 풍납토성의 성격을 해명하는 데 중요한 의의가 있다. 이밖에 평면이 팔각형 혹은 십각형이나 원형을 띠는 벽돌도 출토되었는데 아마도 우물의 입구나 장식용 기둥으로 사용된 것으로 추정된다. 이에 대해 한국 학자는 중국 남방과의 연관성을 추정하기도 한다. 그러나 육조시대 건강성 유지에서 아직까지 동일한 형태의 특수 벽돌이 발견되지 않았으니, 이곳의 우물 난간은 일반적으로 방형 석제에 원형 구멍을 낸 형태이다.

상술한 중국과 문화 교류는 흥미롭게도 거의 모두가 중국 남부의 동진 및 유송과 관련되어 있다. 이는 한성시대 백제와 동진 및 유송이 밀접한 관계를 유지했으나 북방의 십육국 및 북위와는 정상적인 교류가 없었다는 문헌기록과 완전히 부합하는 것이다.11)

---

9) 王志高, 「六曹建康城遺址出土陶瓦的觀察與硏究」, 『瓦當的生産與流通』(한국와당학회 제8차 정기대회 會議文集), 2011. 10.
10) 鄭治泳, 「한성기 백제전 초고」도3의 12와 13, 『백제연구』49(공주대백제연구소), 2009.
11) 백제는 472년까지 장기간 북위와 정식 외교관계를 수립하지 못했다. 472년 개로왕이 처음으로 북위에 사신을 파견하여 고구려 정벌을 청했으나 북위가 거절하였다.

풍납토성에서는 중국 유물 이외에도 한반도 삼국시대의 가야 및 신라, 고구려의 일용 도기와 고구려 계통의 연화문 와당이 출토되기도 했다.[12] 그리고 낙랑에서 제작되었거나 혹은 낙랑 제작기술의 영향을 받은 도기 등이 출토되어 백제가 상술한 국가나 지역과 빈번하게 교류했다는 기록을 뒷받침하는 유력한 물적 증거를 제시해 주고 있다. 경당 지역의 공사현장에서 발견된 일본 하니와와 유사한 수많은 도기 제품, 일본에서 유입된 소형의 활석 臼玉 등은 한성시기 백제와 왜국의 친밀한 관계 기록을 입증하는 것이다.

이상은 현재까지의 자료를 가지고 논한 것으로 이후 풍납토성의 진전된 발굴에 의해 왕궁, 신전, 성문, 도로 등 동아시아 각국과 관련된 문물이 출토됨으로써 도성의 배치 및 공간 계획은 점점 분명해질 것이며, 특히 동진과 남조의 도성 건강성과의 관계도 학자들의 관심을 받게 될 것이다. 비록 건강성과 낙양성 등 동시기 중국 고도에서도 외국 문물이 발견되지만 대부분 城址에서 출토된 것이 아니라 교외에 위치한 무덤에서 출토된 것이며, 그 유형이나 수량, 범위 등에서 풍납토성과 비교될 만한 수준은 아니다. 게다가 여러 가지 이유 때문에 머지않은 장래에 이들 성터에서 중요하거나 또는 많은 양의 이역 문물이 나올 가능성은 거의 없다. 그러므로 풍납토성은 동아시아 물질문화 교류의 중심지로서의 지위가 점점 더 명확해질 것이다.

개로왕은 때문에 이를 원망하여 마침내 조공을 끊었다. 이에 대해서는 『삼국사기』 권25 「백제본기3」, 『魏書』 권100 「百濟傳」, 『北史』 권94 「百濟傳」을 참조

12) 풍납토성에서 발견된 연화문 와당을 북위 계통으로 보는 전문가도 있다. 그러나 문헌기록에 의하면 한성 백제시대에 백제와 북위는 겨우 한 번, 그것도 비교적 성공적이지 못한 정식 교류를 했을 뿐이다. 그러므로 필자는 이 와당을 고구려 계통으로 추정하고 싶다.

II. 풍납토성 출토 시유 도기의 연대와 용도

시유 도기는 백제 고지에서 보이는 중국의 각종 수입 도자 가운데 하나로서 현재까지 대략 70여 건이 알려졌다. 이 가운데 반 이상이 풍납토성에서 출토된 것으로서 39건에 이른다. 시유 도기 가운데 13건은 외벽에 錢文을 찍은 것이어서 錢文도기로 불린다.[13] 이 도기는 출토 유지와 무덤의 연대 및 백제와 중국 육조의 문화 교류 문제와 관련되어 발견 이래 줄곧 한중 학자들의 높은 관심을 받아 왔다. 권오영, 박순발, 성정용 등을 대표로 하는 한국학자들은 초기에는 연대가 분명한 육조 무덤을 근거로 錢文도기의 연대가 서진보다 늦지 않을 것으로 추정했다.[14] 그러나 최근 삼국시대 오에서 동진시기로 수정되었으며, 나아가 이를 372년 이전 이미 백제가 동진과 교류했음을 보여주는 중요한 증거로 보기도 한다.[15]

중국학자 가운데 賀云翱는 일찍부터 중국과 한국 출토 錢文 도자기를 주목, 먼저 남경에서 출토된 육조 錢文 도자기 표본에 대한 초보 연구를 진행하고[16] 이후 중국 남방 각지에서 발견된 錢文 도자기 전체를 대상으로 연구를 확대했다. 이어 복원이 가능했던 한 건의 풍납토성 출토 錢文 노제 瓮이 비교적 高大하고 복부의 가장

---

13) 韓芝守,「백제 유적 출토 중국제 施釉陶器 연구」, 국립공주박물관 편,『中國 六朝의 陶磁』, 2011.
14) 成正鏞·李昌柱·周裕興,「中國六朝與韓國百濟的交流-以陶瓷器爲中心」,『東南文化』2005년 1기.
15) 權伍榮,「百濟最初的王城-風納土城之調查」,『東南文化』2011년 2기
16) 馮慧·賀云翱 等,「南京新出土六朝錢紋陶瓷器標本研究」,『東亞考古論壇』창간호 (충청문화재연구원), 2005.

넓은 곳이 두드러지게 위쪽에 위치한 점, 그리고 錢文이 명확하지 않고 문양을 찍은 층수가 비교적 적으며 주로 어깨의 상하에 분포하는 점 등을 근거로 그 연대를 좀 늦은 동진시대의 특징으로 보았다. 그는 또한 몽촌토성, 풍납토성, 홍성 神衿城 등에서 출토된 錢文 도기의 장식이 모두 변형 錢文이며 태토와 유약의 결합이 좋지 못한 점, 보편적으로 유약이 떨어져 나간 점 등에 주목, 이것이 비교적 늦은 특징임을 들어 모두 동진시기의 유물로 추정했다.[17]

필자가 과거 실물을 보지 못한 상태에서 중국과 한국의 人面文 와당을 비교 분석하며 한국 각지에서 출토한 錢文 도기를 주목한 적이 있었다. 당시 필자는 도기 일부의 연대가 적어도 삼국의 吳 중후기까지 거슬러 올라갈 수도 있으며, 그 연원은 서진시대의 낙양은 아니며 장강 중하류에 위치한 吳지역으로 추정했다.[18] 그 후 韋正도 풍납토성 출토 錢文 도기를 "백제가 수입한 시기는 아마도 오나라 중후기 정도이며, 서진시대일 가능성도 존재한다. 그러나 동진시대일 가능성은 거의 없다"는 글을 발표했다.[19]

한국에서도 같은 시기에 한지수 등이 풍납토성 등 백제 유지에서 출토한 중국산 대형 시유 도제 瓮에 대한 심도 있는 연구를 진행했

---

17) 賀云翺·馮慧 等,「東亞地區出土早期錢紋陶瓷器的硏究」,『東亞考古論壇』 제2집 (충청문화재연구원), 2006 ;『考古與文物』2008년 제2기

18) 王志高,「南京出土的孫鳴人面紋瓦當及其對朝鮮半島的影響」,『국립공주박물관연구총서』 제16책, 2005; 王志高,「略論南京出土的孫吳人面紋瓦當對朝鮮半島的影響」, 江蘇省文物局 編,『2007江蘇省文博論文集』, 南京出版社, 2008.

19) 韋正,「試談韓國出土錢紋陶器的時代」,『東南文化』2011년 2기. 이밖에 일부 학자가 錢文 도자기와 관련된 남방지역 漢晉시대 무덤 출토의 罍形 罐에 대한 분석을 한 바 있다. 이에 대해서는 鳴桂兵,「折東地區漢晉墓葬因素的外向發展-以"罍形罐"爲例」, 寧波市文物考古硏究所 編,『寧波文物考古硏究文集』, 科學出版社, 2008.

다. 한지수는 백제 유지에서 출토한 중국산 시유 도기의 유형, 시문된 錢文의 형태 및 제작 기법 등에 대해 자세히 고찰하고 아울러 중국 오나라에서 동진시대에 걸친 錢文 도자기와의 비교 분석을 통해 백제 유지에서 출토한 중국산 시유 도기의 연대와 특징 등을 체계적으로 종합한 후, 풍납토성 경당지역 196호 유지에서 출토한 錢文 도제 瓷이 대략 3세기 후반에서 4세기 전반에 제작된 것으로 보았다. 그리고 다른 지역에서 출토한 것들은 이것보다 시대가 늦어 대략 4세기 후반으로 추정했다.[20]

 2010년 11월 필자는 한신대학교 박물관의 풍납토성 제1차 발굴에서 출토한 대형 시유 도기를 실견할 기회가 있었다. 유물에 대한 첫 인상은 육조 건강성 유지에서 출토된 오와 서진시대 錢文 도자기와 매우 다르다는 점이었다. 이는 賀云翶의 견해와 유사한 것이다. 한지수도 이미 발표한 글에서 '중국 錢文 도자기 가운데 백제 지역에서 출토된 시유 도제 瓷과 유사한 물건을 찾을 수 없다'는 점을 밝힌 바 있다. 2011년 10월 한국와당학회의 배려로 필자는 한국 국립문화재연구소에서 새로 출토한 풍납토성 시유도기 표본을 볼 기회가 있었다. 비록 한신대학교 박물관에서 수리한 것처럼 완전하지는 않았지만 불에 탄 적이 없었기 때문에 유약층의 보존이 만든 당시 그대로였다. 기형, 태토와 유약, 錢文의 장식, 그리고 내벽의 제작 흔적 등을 살펴본 결과 필자는 예전과 거의 비슷한 인상을 받았다. 중국에 돌아온 후 필자는 발굴에 박차를 가해 남경의

---

20) 韓芝守, 「백제 유적 출토 중국제 施釉陶器 연구」, 국립공주박물관 편, 『中國 六朝의 陶磁』, 2011; 韓芝守, 「백제 풍납토성 출토 施釉陶器 연구-경당지구 196호 유적 출토품과 중국 자료의 비교연구를 중심으로」, 『백제연구』51집, 2010.

육조 건강성 유지에서 유사한 것을 찾는 데 주력했다. 몇 달이 안 돼 과연 좋은 결과가 있었다. 우리들은 남경의 北京東路 和平公園과 中山東路 55所, 顔料坊 등 여러 공사 현장의 남조 지층에서 백제 출토품과 유사한 남조의 시유 도기 표본을 발견할 수 있었다. 11월에는 막 발굴이 끝난 절강성 德淸窯址에서도 유사한 제품을 발견했는데,[21] 아래에 이를 토대로 비교연구를 진행했다.

풍납토성에서 출토한 시유도기 가운데 기형을 판별할 수 있는 것은 모두 대형에 태토가 매우 두꺼운 도제 瓮이며, 태토가 얇은 중소형의 陶罐이나 磁罐은 찾아볼 수 없다. 도제 瓮은 모두 태도가 매우 거칠어 거친 모래나 돌멩이 등이 다수 섞여 있으며, 내외의 기벽에는 흑유와 갈유 등 두 종류를 시유했으며 靑釉를 시유한 경우는 아직 보지 못했다. 그릇의 표면에 찍은 錢文은 구역을 나눈 윤곽선이 있다. 아래쪽 배 부분에는 대부분 경계선이 없는 세밀한 그물문(布文이라고도 부름)을 찍었다. 유약은 대부분 아래로 흘러내렸다. 기체가 매우 두텁기 때문에 그 내벽에는 항상 하나하나 손으로 두드려 기벽을 단단하게 만든 흔적이 있는데 원형에 가깝다. 이런 특징은 모두 중국에서 흔히 보이는 오와 서진시대 및 동진 초기의 중소형 錢文 도자기[22]와는 명백히 구별되는 것이다.

구연부의 차이에 따라 이런 종류의 시유 도제 瓮은 크게 세 종류

---

21) 德淸窯 유지 고고발굴대와 절강성 문물고고연구소의 鄭建明 연구원의 요청으로 이를 볼 수 있었는데, 이 자리를 빌려 감사의 뜻을 전한다.
22) 발굴 결과 육조 자기의 변화는 동진 중기에 일어났음이 분명해졌는데, 동진 초년과 서진 시대는 그 구분이 매우 어렵다.

풍납토성의 세 가지 문제에 대한 시론

〈그림 2〉 풍납토성출토 A류 대형시유도기

로 나눌 수 있다.[23] A류는 구연부가 곧고 목이 있는 형태로서 현재까지는 대부분 갈유를 칠한 게 대부분이다. 그리고 태도와 유약의 결합이 좋지 못하고 유약의 박락이 매우 심하다. 몸체는 錢文을 찍은 게 매우 드물며, 이 가운데는 어느 도안도 찍지 않은 장식 없는 표면을 가진 것이 많다(그림 2). B류는 목은 짧고 구연부가 벌어진 것으로 어깨 부분에는 귀가 달린 게 일반적이다. 대부분 갈유를 발랐는데 유층이 비교적 얇고 몸체에는 錢文을 찍은 게 비교적 적다(그림 3). C류는 목이 없고 구연부가 오므라진 것으로 대부분 흑유를 시유했으며 갈유는 비교적 적다. 태토와 유약의 결합이 비교적 좋으며, 유약의 박락도 상대적으로 적다. 몸체에는 錢文을 찍은 게

---

23) 세분하면 10여 종으로 구분할 수 있는데, 이는 한지수의 두 논문을 참조

동북아시아 속의 풍납토성

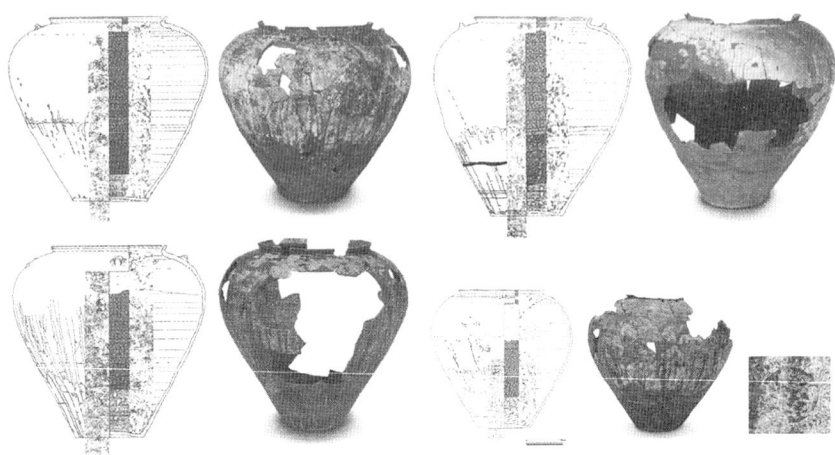

〈그림 3〉 풍납토성출토 B류 대형시유도기

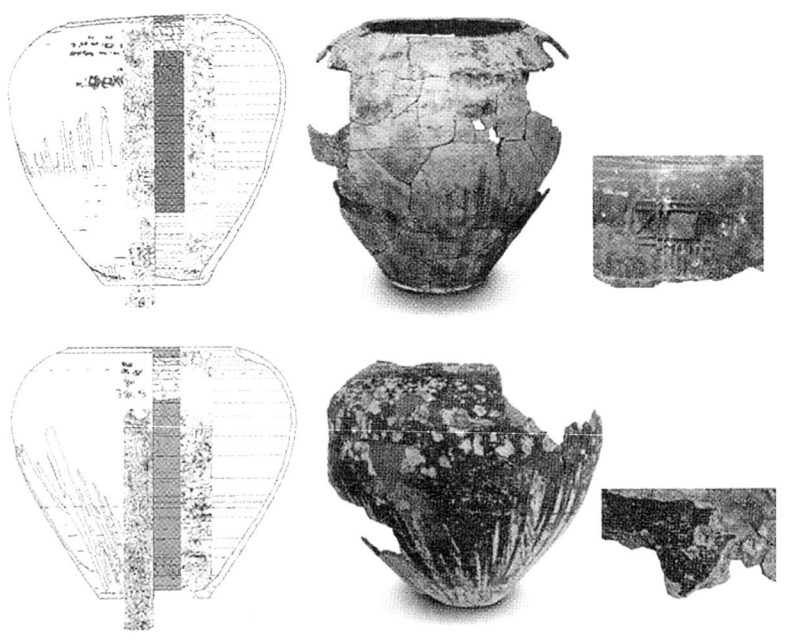

〈그림 4〉 풍납토성출토 C류 대형시유도기

비교적 많은데 일부는 흑유층이 두텁고 윤기가 있어 그 아래의 錢文이 매우 모호하게 보이는 경우도 있다(그림 4).

최근 육조 건강성 유지 발굴에서 A류의 시유 도제 瓷과 유사한 표본은 현재까지는 아직 발견하지 못했다. 그러나 B·C류와 유사한 갈유, 흑유의 도제 瓷의 표본은 남경성 안의 北京東路 和平公園, 中山東路 55所, 新街口 廣廈三期, 성 남쪽의 顔料坊 등의 공사 현장에서 다수 발견되었다. 기형, 태토와 유약, 몸체에 찍은 錢文과 세밀한 그물문은 물론 제작기법까지 모두 하나처럼 동일했다. 그러나 어깨에 귀가 붙어 있는 것은 적다. 특히 화평공원과 중산동로 55所 공사현장의 경우 남조 지층보다 이른 것은 보이지 않았는데, 지층이나 공반 유물 등에 근거해 남경에서 출토한 이런 유형의 갈유와 흑유를 시문한 錢文 도제 瓷의 시대가 대부분 남조 중후기(그림 5·6·7·8)임을 알 수 있다.[24] 건강성 유지에서 출토된 것들이 대부분 배 부분이 훨씬 가늘고 긴 점으로 보아 풍납토성에서 출토된 B·C류의 그릇보다는 시기가 조금 늦어 보인다.

표면적으로 보면 풍납토성에서 출토한 세 종류의 시유 도제 瓷은 기형이 다르다. 그러나 대부분 백제 왕실 창고로 추정되는 경당지역 196호 대형 수혈 유적에서 동시에 발견된 것으로 그 총수는 33건에 달한다. 때문에 이들 사이에 큰 시대적 차이가 있을 것 같지는 않으며 단지 제작 가마가 달랐을 수는 있다. 특히 주목되는 것은 시유 도제 瓷을 포함해 이 유적에서 출토한 도기는 모두 고온에서 손상되었기 때문에 갑자기 생각지도 못한 화재를 만나 불살라진 후

---

[24] 육조 건강성 유지 연합고고대 자료는 이후 정리, 발표될 것이다.

동북아시아 속의 풍납토성

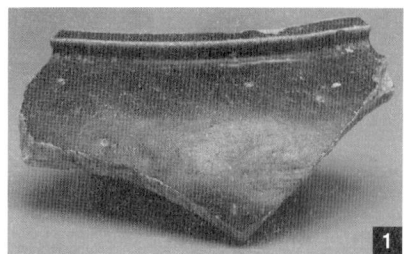

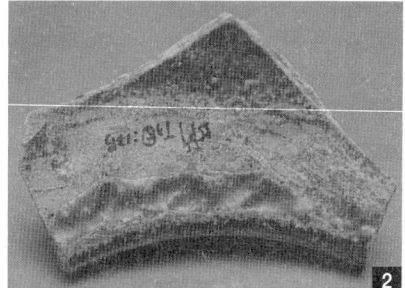

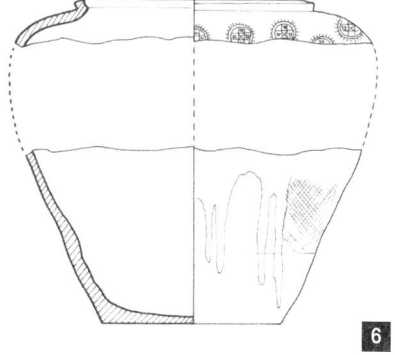

〈그림 5〉 남경 중산동로 55소 공사지역 출토 남조시대 흑유전문도기
1: 구연부 잔편 외벽 ; 2:구연부 잔편 내벽; 3: 두터운 유약 아래 모호하게 남아 있는 전문 ; 4:하부 잔편 외벽 ; 5: 하부 잔편 내벽 ; 6: 복원 도면

풍납토성의 세 가지 문제에 대한 시론

〈그림 6〉남경 화평공원 공사지 출토 남소시대 시유도기 잔편 (1, 2 : 잔편 1외벽 및 내벽 ; 3, 4 : 잔편 2 외벽 및 내벽 ; 5, 6, 7 : 잔편 3외벽 내벽 및 태토 ; 8, 9 : 잔편4외벽 및 내벽)

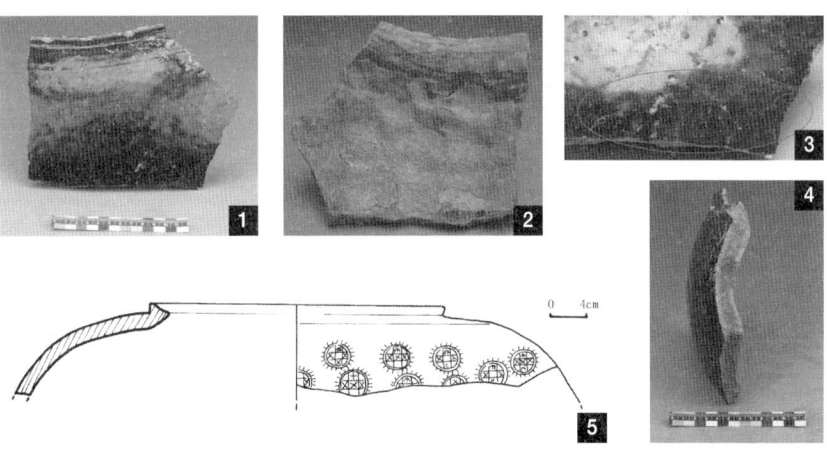

〈그림 7〉 남경 안료방 공사지 출토 남조시대 흑유전문도기 잔편(1 : 잔편 외벽 ; 2 : 잔편 내벽 태토에 붙은 두 층의 응결층 ; 3 : 외벽 일부에 보이는 흑유 밑의 전문 ; 4 : 태토 ; 5 : 잔편의 복원 선그림

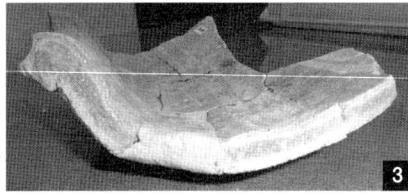

〈그림 8〉 대형흑유도기 표본(한국국립문화재연구소) (1 : 외벽 ; 2 : 후유 하부의 모호한 전문 ; 3 : 모래가 섞인 두터운 태토)

폐기되었을 가능성이 크다.[25] '갑작스런 화재'란 아마도 후술하는 개로왕 21년(475) 9월의 백제 왕도 한성의 함락으로 추정되는데, 이 때 고구려 군대가 큰 불을 질렀다. 때문에 이들 시유 도제 瓷의 시대는 백제 왕도 한성이 폐기되기 이전, 즉 남조 초기인 유송시대에 해당하는 것으로 보아야 할 것이다.

지금까지 비교 연구를 통해 풍납토성에서 출토되어 현재 완전하게 수리된 대부분의 중국산 시유 도기를 남조 초기 제작으로 추정하였다. 다만 2011년 국립문화재연구소에서 실견한 일군의 시유 도기 잔편처럼 배 아래쪽에 두 줄의 경계선으로 찍은 사선의 그물문(그림 9)이 있는 소량만이 시대가 상술한 두 유형보다 조금 빨라 동진 중후기에 해당할 것으로 보인다.

---

25) 박순발, 앞의 글을 참조.

풍납토성의 세 가지 문제에 대한 시론

　　풍납토성 이외에도 서울의 몽촌토성, 석촌동, 용인 古林洞, 홍성 신금성, 공주 수촌리, 부안 竹幕洞 등의 백제 유지와 무덤에서 역시 중국산 시유 도기가 출토되었다. 이미 발표된 자료를 보면 이들은 풍납토성 출토품들과 큰 차이가 없다. 모두 瓮같은 대형 그릇으로서 동진과 남조시대 제작품이다. 아직 오와 서진시대에 전형적으로 보이는 錢文 도자기류는 볼 수 없다. 이 가운데 부안 죽막동 제사 유지에서 발견된 대형의 흑유 도제 瓮(그림 10) 하나는 어깨에 세로로 솟은 귀 외에는 그 조형이나 시유방법 등이 모두 남경의 55所 공사현장에서 발견한 것(그림 5)과 차이가 없어 모두 남조의 같은 요지에서 만든 것으로 추정된다. 그리고 공주 수촌리 Ⅱ-4호 무덤에서 출토된, 구연부가 오므라지고 錢文을 찍은 흑유의 중형 도제 瓮 하나는 높이 33.3cm로서 태토가 다른 지역의 시유 도기와는 다르다. 이 무덤에서 함께 출토한 흑유 계수호와 雙耳반구호로 미루어 이 도기는 동진 후기에서 남조 초기에 제작한 것으로 봐야 한다(그림 11). 백제 유지에서 보이는 이들 시유 도제 瓮은 대부분 그릇이 큰데, 공주 수촌리 Ⅱ-4호 무덤 등에서 약간 작은 것이 발견되는 이외에 이런 瓮은 각종 유지에서 발견되고 있다. 이런 종류의 錢文을 장식한 시유 도제 瓮이 동신과 남조의 무덤에서는 적고 대부분 건강성 등 성터에서 발견되는 현상과 일치하는 것이라 하겠다.

　　현재까지 알려진 바에 의하면 중국 남방의 湘陰窯, 越窯, 婺窯, 宜興窯 등이 錢文 도자기를 생산했다. 이밖에 강소성 溧陽 경내에서도 동한에서 육조 초기까지 전문적으로 錢文 도자기를 굽는 가

동북아시아 속의 풍납토성

〈그림 9〉 대형시유도기 잔편(한국국립문화재연구소 발굴)

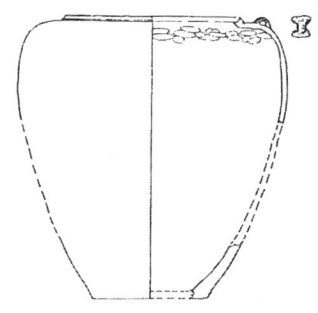

〈그림 10〉 부안 죽막동 제사유적 출토 시유도기

〈그림 11〉 공주수촌리 II-4호분 출토 흑유전문도기 흑유계수호, 흑유반구호

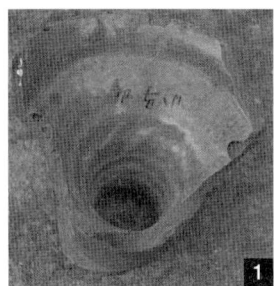 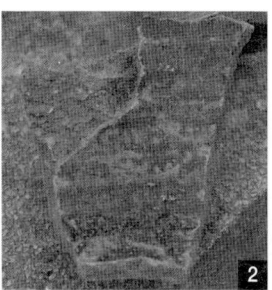 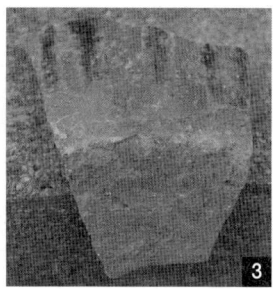

〈그림 12〉 절강 덕청현 소마산요지 출토 남조시대 도자기표본 (1:반구호 잔편; 2:시유도기 잔편 내벽; 3: 시유도기 잔편 외벽과 바닥)

마가 발견되기도 했다.[26] 다만 이들 가마에서 출토된 錢文 도자기의 시대는 대부분 삼국시대 오와 서진시대이며, 백제유지에서 발견된 동진과 남조의 시유도기는 거의 없다. 때문에 한국학자는 이런 시유 도기 제작지를 중국 太湖 유역으로 추정하고 있다. 최근 발굴에 의해 절강성 덕청요에서 시유 도기를 제작한 기간은 동한에서 남조 이후까지 계속되었음을 확인되었다.[27] 이 가마에서 두터운 태토에 유약을 바른 남조의 도제 瓮의 잔편(그림 12)이 자주 발견되었을 뿐 아니라 주변에서도 풍납토성의 B류, 즉 대형의 시유 도제 瓮과 유사한 그릇(그림 13)[28]이 완전한 모습으로 출토되기도 했다.

---

26) 주 17 참조.
27) 鄭建明·徐歡, 「德淸窯略論考」, 德淸縣博物館 編, 『玄翠子預-德淸窯館藏精品與陶瓷址考古成果展』, 西泠印社出版社, 2012.
28) 『玄翠子預-德淸窯館藏精品與陶瓷址考古成果展』p.35에는 절강성 長興博物館 소장의 구연부가 안으로 오므라지고 錢文을 장식한 대형 갈유 도제 瓮이 수록되어 있는데 입 크기 36.5cm, 배 부분의 최대 크기 66cm, 밑바닥 지름 25cm, 높이 56.5m이다. 박물관 관장의 소개에 의하면 이 도자는 2004년 3월 長興縣 林城鎭 大云寺村의 주민이 집을 짓다가 발견했는데 공반 유물은 없었다. 도록에는 도자의 연대를 삼국시대로 했는데, 기형이나 錢文의 특징 등으로 미루어 남조시대 제작으로

〈그림 13〉 남조시대 시유도기(절강성박물관)

때문에 덕청요가 풍납토성을 포함한 백제의 대형 시유 도제 甕의 주요 생산 가마였을 가능성이 매우 크다고 할 수 있다.

제작 시기나 생산 가마와 함께 관심을 끄는 것은 풍납토성에서 다량으로 출토한 이 시유 도기의 용도이다. 그릇 안쪽에서 복어와 참돔 등의 생선뼈가 나와 한국학계는 이 그릇이 왕실용 음식물인 젓갈을 보관하는 데 쓰인 것으로 추정하고 있다. 그러나 중국 남방에서는 젓갈을 먹는 전통이 전혀 없고[29] 한반도 어류의 풍부함은 중국에도 뒤지지 않는다. 그러므로 대형의 시유 도제 甕에 젓갈을 담는 것은 남조에서 그릇을 수입한 후 백제에서 다시 이용한 것으로 봐야 한다. 당시 이 그릇들이 바다를 건너올 때 이 안에 가장 먼저 담겼을 물건이 무엇인지가 바로 중요한 문제라 할 수 있다.

중국에서 출토한 이 시기 錢文 도자기 안에 담은 물건은 대략 다음과 같은 경우를 통해 추정이 가능하다. 1935년 남경 中和橋 부근에서 錢文 도기 잔편과 흙으로 만든 梁의 동전 范이 함께 출토되었

보인다.
29) 중국 황하 유역에는 젓갈을 먹는 전통이 있다. 북위 賈思勰의 저작인 『齊民要術』 제8권(上海古籍出版社, 2009, p.468, p.470)에는 각종 젓갈을 가공하는 방법이 서술되어 있다.

고,30) 1955년에는 강소성 徐州市 雲龍山 동쪽 기슭에서 錢文 陶罐 잔편 하나가 발견되었는데 잔편 위에 530매의 오수전이 있었고 부근에서도 한 대의 동범이 출토되었다.31) 1973년 강소성 丹徒縣 高資村 구덩이에서 錢文 회도의 대형 瓮 하나가 발견되었는데 그 안에서 140kg이 넘는 전한과 후한, 삼국시대 및 동진 시대의 각종 동전이 발견되었다.32) 이를 근거로 최근 어떤 학자는 이런 模印 錢文의 관, 옹 등을 화폐를 담는 용기로 보고 당시 사람들의 재부를 추구하는 심리를 표현한 것으로 추정했다.33) 상술한 세 사례 가운데 中和橋의 錢文 도기 잔편은 출토품이 아니라 수집품이다. 때문에 그 시대나 錢范과의 관계를 확인할 수 없다. 나머지 두 사례 가운데 하나는 비상시기에 행한 응급조치이며, 나머지 하나는 특별한 곳에서 출현한 우연한 현상이다. 그러므로 이 사례들은 錢文 도기 안에 일반적으로 어떤 물건이 담겨 있었는지에 대한 해답을 제시해주지 못한다. 특히 수복해야 하는 것은 설상성 衢縣 街路村 서진의 元康 8년(298)무덤,34) 호북성 鄂州의 오나라 '孫將軍'묘,35) 안휘성 南陵縣 麻橋 오나라 묘36) 안휘성 馬鞍山 오나라의 朱然 및 그 가족묘,37) 절

---

30) 商承祚,「記南京出土之梁伍銖泥范」,『金陵學報』제5권 제2기
31) 張寄庵,「徐州市雲龍山發現北朝末期墓葬及漢代伍銖錢范」,『文物參考資料』1955년 제11기.
32) 鎭江市博物館,「江蘇丹徒東晋窖藏銅錢」,『考古』1978년 제2기.
33) 邵磊,「對南京通濟門草場圩蕭梁鑄錢遺存的整理」,『中國錢幣』2003년 제1기.
34) 衢縣文化館,「浙江衢縣街路村西晋墓」,『考古』1974년 제6기.
35) 鄂城縣博物館,「鄂城東鳴孫將軍墓」,『考古』1978년 제3기.
36) 安徽省文物工作隊,「安徽南陵縣麻橋東鳴墓」,『考古』1984년 제11기
37) 安徽省文物考古研究所 等,「安徽馬鞍山東鳴朱然墓發掘簡報」,『文物』1986년 제3기; 馬鞍山市文物管理所,「安徽省馬鞍山市朱然家族墓發掘簡報」,『東南文化』2007년 제6기

강성 安吉 天子崗 3호묘[38] 등 삼국시대 오와 서진 무덤에서 출토한 錢文 도자기 안에는 아직 화폐를 넣은 경우가 없다. 이는 이 그릇들이 전문적으로 화폐를 넣기 위한 그릇이 아니라는 점을 증명하는 것이다. 사실 한에서 오 및 서진시대에 이르기까지 이런 종류의 중소형 錢文 도자기는 등급의 차이가 명확하지 않은 일반의 보통 용기로서, 술이나 물 등의 액체를 담는 데 사용한 그릇이 분명하다. 물론 임기응변으로 화폐 등의 고체 물건을 담았을 것이다. 그릇 위에 표현된 錢文 도안은 단지 신앙을 표현하는 일종의 장식일 뿐 그 용도와는 직접적인 관계가 없다.

현재 우리가 중점적으로 논의해야 할 것은 풍납토성을 포함한 백제 유지에서 출토된 동진 및 남조의 대형 시유 도기의 용도이다. 사실 이렇게 기벽이 매우 두텁고 무거운 대형 시유 도기는 기형으로 볼 때 술을 저장하는 술동이임을 한 눈에 알 수 있다. 1980년대 이전 중국 남방의 농촌에서는 어디서나 이런 술동이를 볼 수 있었다. 문헌에 의하면 중국 위진남북조시대에는 일반적으로 술을 甕에 저장한 게 확실하다.[39] 『世說新語·任誕 제23』에는 "완씨들은 모두 술을 마실 줄 알았다. 仲容, 즉 阮咸은 집안사람들이 모인 모임에 와서 다시는 일반적으로 사용하는 술잔을 사용해 술을 따르지 않았으며 커다란 甕에 술을 담았다. 둘러 앉아 서로 크게 따라 마셨다."[40] 심지어 술을 양조할 때도 역시 甕을 사용했다.『晋書·畢卓

---

38) 鄭亦勝,「浙江安吉天子崗漢晋墓」,『文物』1995년 제6기.
39) 『삼국사기』에는 고구려 '酒桶村'의 지명이 보인다. 아마도 삼국시대 한반도에서는 일반적으로 통에 술을 담았던 게 아닌가 싶다.
40) [劉宋]劉義慶 編, 徐嘉錫 箋疏,『世說新語箋疏』卷上之上「任誕 제23」, 中華書局,

풍납토성의 세 가지 문제에 대한 시론

傳』에는 "太興(318~321) 말년에 필탁이 吏部郎이 되어 항상 음주를 하며 일을 작폐했다. 이웃집의 술이 익자 필탁이 술 취한 날 밤 그 술독(甕)에 이르러 몰래 이를 마시다가 술을 관리하는 사람에게 포박당했다. 이튿날 아침 잡힌 사람을 보니 바로 필탁이었다. 급히 포박을 풀어주었다. 탁이 마침내 주인과 함께 술 독 옆에서 술자리를 하고, 취해서야 돌아갔다."41) 『殷芸小說』 권7에는 "羊稚舒 琇가 겨울에 술을 담갔는데, 사람에게 술독(甕)을 안아 따뜻하게 하도록 했다. 얼마 안 있어 술독 안는 사람을 바꾸었다. 이런 식으로 하니 술이 빨리 익었고 맛도 여전히 좋았다."는 기록이 있다.42)

다행히도 남경시 도시 건설을 위해 육조 건강성 유지에 대한 발굴이 진행되었는데 필자가 중심이 된 발굴에서 최근 두 가지 중요한 실마리를 건질 수 있었다.

첫째, 2001년 말에서 2002년 초, 현재의 珠江路 북쪽, 太平北路 동쪽의 '華能城市花園' 공사현장에서 유물이 다량으로 출토되있는데, 이 가운데서도 갈유를 바른 남조의 대형 甕이 파손된 채 다수 발견된 것이 좀 특이했다. 조형은 풍납토성 출토의 대형 시유 도기와 유사했다.43) 당시 이 그릇의 용도를 필자는 알 수 없었지만 최근 '大寶2년(551) 1월, 양의 簡文帝 蕭綱이 侯景에게 臺城의 永福省에서 피살되었는데 처음에 얇은 棺에 넣고 성 북쪽의 술 창고에 몰

1983, p.734.
40) 『晋書』 권49 「畢卓傳」, 中華書局, 1974, p.1381.
42) 『殷芸小說』 권7 「晋江左人」, 『韓魏六朝筆記小說大觀』, 上海古籍出版社, 1999년에 수록. 또한 『齊民要術』 권7에도 甕으로 술을 빚는 법이 상세하게 기록되어 있다.
43) 주24 참조.

래 묻었다'는 기록을 보게 되었다.[44] 현재 北門橋 아래의 수로는 남조 건강성의 북쪽 해자인데, 이 공사현장은 바로 이 북쪽 해자의 북쪽에 위치하고 있다. 보아하니 이곳은 남조의 술 창고이며, 출토된 대형 시유 도기는 곧 창고 안의 술독이 분명하다.

둘째, 2009년 7월에서 2010년 8월까지 성 남쪽 顔料坊 일대의 대규모 발굴 과정에서 삼국시대 오에서 남조시대에 걸친 錢文 도자기의 파편을 적지 않게 발견했다. 이 가운데 남조에서 만들어진 대형의 흑유 도제 瓮 잔편(G7: 188)을 발견했는데, 구연부가 오므라지고 어깨는 좁으며 태토에는 모래가 섞여 있으며 기벽이 두터워 1.7cm에 달했다. 이는 풍납토성의 B류의 그릇과 조금 유사하다. 외벽 어깨 부분에 찍은 錢文은 그 위에 두터운 흑유를 발라 문양이 모호하여 분명하지 않다. 내벽은 하나하나 손으로 태토를 누른 흔적이 있는데, 벽면 가득 갈유를 비교적 얇게 한 층 발랐다. 유약 위에는 두 층의 아주 얇은 회갈색이 붙어 있는 층이 있는데, 독 안에 오랜 기간 액체를 넣은 것이 이미 응결되어 형성된 것이었다(그림 7:2). 이런 응결 상태를 만드는 전통음식으로는 중국 남방에서 흔히 볼 수 있는 아직 여과를 거치지 않아 찌꺼기가 많은 米酒(혹 醴, 醴酒, 甛酒, 醪糟, 酒糟 등으로 불리기도 한다)일 가능성이 가장 크다.[45]

---

44) 『梁書』 권56「侯景傳」, 中華書局, 1973, p.858; 『南史』 권8「梁簡文帝紀」에도 역시 "王偉가 문짝을 뜯어 관을 만들고 성 북쪽의 술 창고에 殯을 옮겼다"는 기록이 있다(中華書局, 1975, p.233).
45) 내벽에 붙어 있던 층에 대해 남경대학 분석센터에 검측을 의뢰했는데 안타깝게도 그 유기 성분을 알아내는 데는 실패했다.

요컨대 필자는 풍납토성 출토의 시유도기를 비롯해 동진과 남조의 대형 시유 도제 瓷은 원래 각종 주류를 담는 그릇이었다고 생각한다. 그릇이 매우 큰 데다 여기에 술을 담은 후 더욱 무거워지기 때문에 胎壁이 반드시 두터워야 한다. 게다가 주류는 쉽게 휘발하고 쉽게 스며들기 때문에 그 내외 벽면에 모두 시유를 해야 하는 것이다.

일찍이 백제는 1세기경에 이미 양주 기술을 알고 있었다. 『삼국사기』 권23 「백제본기 1」에는 "(多婁王)11년(38) 가을, 곡식이 잘 익지 않았으므로 백성들이 사사로이 술 빚는 것을 금했다"는 기록이 있으며, 또 백제는 "오곡, 雜果, 채소, 술, 안주와 반찬 같은 것들이 대부분 중국과 유사했다"는 중국 기록도 있다.[46] 심지어 백제의 무왕과 의자왕은 음주를 좋아했다.[47] 이런 상황 아래서 백제는 끊임없이 중국에서 술을 수입했을 텐데 아마도 남조의 술이 더욱 맛있어 백제 왕실과 귀족들의 환영을 받지 않았을까. 남조 노성 선상에서는 확실히 맛이 淳厚하고 달콤한 술을 생산하고 있었다. 유송 元徽 연간(473~477) 吳郡 사람 顧憲之가 일찍이 建康縣令을 역임했는데, "성품이 청렴하고 정사에는 과감하여 민심을 얻었다. 그리

---

46) 『北史』 권94 「百濟傳」, 中華書局, 1974, p.3120. 또한 『周書』 권49 「異域傳 上·百濟」 및 『太平御覽』 권781 「四夷部 二·東夷 二·百濟」에도 기록이 있다.
47) 『三國史記』 권27 「百濟本紀 5」에는 "(무령왕 37년)3월, 왕이 좌우의 신료를 거느리고 사비하 북쪽의 포구를 유람하여 연회를 했다. 양안에 기암괴석이 우뚝 서고 그 사이에는 기화이초가 있었는데 마치 그림 같았다. 왕이 술을 마시고 기분이 매우 좋아 금을 뜯고 스스로 노래를 불렀다. 시종들이 춤을 추었다."(p.206)는 기록이, 권28의 「百濟本紀 6」에는 "(의자왕)16년 봄 정월 왕과 궁인이 황음하여 즐거움에 빠졌으며 음주를 그치지 않았다"(p.208)는 기록이 있다(『三國史記』는 1964년 일본 學習院東洋文化研究所 간행본을 사용했다).

하여 경사의 음주자들은 맛있고 강한 술을 얻으면 '顧建康'이라 불렀는데, 술이 깨끗하고 맛있는 것을 비유한 것이다."[48] 때문에 동진과 남조 정권은 일찍이 조공한 백제 사신에게 맛있는 술을 대량으로 하사하거나 혹은 백제 사신이 직접 건강에서 이런 술을 구매했을 가능성도 있다고 하겠다.

지금까지 중국 남방의 각지에서 출토한 한에서 남조시대에 이르는 錢文 도자기와의 비교를 통해 錢文 도기 등 풍납토성에서 지금까지 나온 대형의 시유 도제 瓮의 시대가 모두 동진 중후기에서 남조 초기, 즉 4세기 후반에서 5세기 중후기에 해당하며, 5세기 중후기의 유송시대 것이 가장 많으며, 그 밖의 백제 유지와 무덤에서 나온 동일 유형의 그릇 역시 오와 서진시대의 것은 없다는 것을 알 수 있었다. 이들 대형의 도제 시유 瓮은 대부분 절강성 덕청요에서 제작되었을 것으로 추정되며, 중국에서 백제에 처음 들여올 때 그 안에 들어있던 물건은 각종 술이었을 것이다. 그리고 시발지는 동진과 남조의 도성인 건강성이었을 가능성이 크다.

---

48) 『梁書』 권52 「顧憲之傳」, 中華書局, 1973, p.758. 또한 『南史』 권35 「顧憲之傳」, p.922에도 기록이 있다.

Ⅲ. 풍납토성의 시대와 성격

　백제는 한성(위례성, 하남위례성을 포함), 웅진, 사비 등의 순서로 도읍을 정했는데, 때문에 백제 역사를 한성시대(?~475), 웅진시대(475~538), 사비시대(538~660) 등으로 구분한다. 이 가운데 웅진과 사비가 현재의 충청남도 공주와 부여라는 사실은 의심의 여지가 없다. 다만 초기 도성의 위치와 그 이동 노선에 대해서는 수백 년 간 논쟁이 끊이지 않았고 현재도 여전히 일치된 견해에 이르지 못했다. 풍납토성이 계속 발굴됨으로써 한국 학자들은 대부분 풍납토성이 바로 백제 최초의 왕성인 하남위례성이고 후대의 왕도 한성은 바로 이 기초를 토대로 발전한 것이며, 개로왕 21년(유송 원휘 3년, 즉 475) 고구려 장수왕이 한성을 공략함으로써 파괴된 것으로 추정하고 있다. 풍납토성에서는 아직껏 어떤 기년 자료도 나오지 않았기 때문에 연대 추정은 주로 성 안에서 출토된 중국산 도자기에 의존하고 있다. 특히 그 중에서 시대가 가장 빠른, 상술한 서진의 錢文 도제 시유 瓮으로 미루어 성이 처음 축조된 시기를 3세기 중후기 안팎으로 추정하고 있다. 또 다른 논거는 『삼국지·위지·동이전』의 '조위시대 대방의 남쪽에 위치한 마한이 거느린 50여 국 가운데 伯濟라는 나라가 있다'는 기록이다.[49] 3세기 중엽을 전후하여 伯濟(百濟)국이 이미 존재하고 있었으므로 그 도성으로서 풍납토성이 이 때 축조되기 시작했다고 해도 무리는 아니라고 할 수 있다.[50]

---

49) 『三國志』 권30 「魏書·東夷傳」, 中華書局, 1959, p.849.
50) 박순발과 권오영의 앞의 논문 참조.

그러나 풍납토성에서 출토한 중국제 시유 도기는 이미 상술한 것처럼 동진 중후기에서 남조 초기에 해당한다. 그렇다면 풍납토성은 도대체 언제 처음 축조되었을까?

시유 도기 이외에 풍납토성에서는 중국제 자기 파편이 일부 출토되었다. 청유와 흑유의 두 종류로서 판별이 가능한 기형으로는 罐, 盤口壺(혹은 계수호), 완 등이 있다. 이들 잔편에서는 모두 삼국시대 오, 서진~동진 초기의 자기에서 흔히 보이는 가는 그물문, 초엽문, 연주문, 포수 등이 발견되지 않았다. 그리고 盤口나 배가 깊은 조형 등은 동진 중후기 이후에서 남조에 이르는 시기의 기형에 더욱 근접해 있다. 비교적 특수한 기형으로는 어깨에 물결문을 장식한 한 건의 청자 罐(?) 잔편이다. 이런 물결문은 비록 남경 仙鶴觀 삼국시대 오의 5호묘에서 발견된 것과 동일한 유형의 直口罐에서 발견되기도 했지만,[51] 더욱 더 유사한 문양은 절강성 蒼南縣 吳家園 저수지에서 발견된 남조 유송 원가 23년(446) 무덤의 청자 계수호의 어깨 부분이다(그림 14).[52] 때문에 문양의 사용 시간이 비교적 길며 다만 동진 이후에는 그리 크게 유행하지 않았음을 알 수 있다. 그리고 이 罐은 구연부와 몸통의 복부 위쪽의 잔편뿐으로 완전한 형태는 알 수 없는데, 그 시대가 동진 후기에서 남조 초기일 가능성도 배제할 수 없다.

이를 종합해보면 시유도기를 포함해 풍납토성에서 보이는 중국 도자기 가운데 분명하게 동진 중후기보다 이른 것은 없다. 그러므

---

51) 南京市博物館,「南京仙鶴山孫鳴·西晉墓」,『文物』2007년 제1기.
52) 浙江省博物館 編,『浙江紀年瓷』, 文物出版社, 2000, 도판139.

〈그림 14〉 물결무늬 도기 (1 : 풍납토성 출토 자기 罐 잔편 ; 2 : 절강성 창남현 오가원 저수지 유송 원가 23년(446) 묘에서 출토한 청자 계수호)

로 이곳에서 출토한 중국 도자기를 근거로 풍납토성이 3세기 중후기에 축조되기 시작했다는 결론은 더욱 성립할 수 없다.

사실 풍납토성만 그런 것은 아니다. 현재까지 백제에서 발견된 중국 노자기[53] 역시 동진 초기 이전의 유물은 매우 드물다. 오직 두 건이 있을 뿐인데[54] 이 또한 특수하다고 할 만하다. 하나는 국립중앙박물관 소장으로 개성에서 출토되었다고 전해되는 한 건의 서진시대 청자 호자이다. 그러나 그 내력이 분명치 않고 또한 일반적으로 서진시대 현재의 개성은 대방군의 고지에 속했으므로 백제와는

---

53) 趙胤宰,「略論韓國百濟故地出土的中國陶瓷」,『故宮博物院院刊』2006년 제2기
54) 權伍榮,『百濟 文物交流 形式의 類型 試論』, 2008의 주석9. 국립중앙박물관은 청자 반구호 하나를 소장하고 있는데, 어깨에 사선의 그물문이 장식되어 있으며, 복부에는 3개의 포수가 붙어 있다. 대략 서진~동진 초년의 제작으로 추정된다. 이 그릇은 1924년 구입한 것으로 웅천에서 출토되었다고 전한다. 필자는 이 청자의 실물과 도관을 보지 못해 감히 평론할 입장은 아니지만 혹시 마한과 관련된 것은 아닌지, 그리하여 마한이 서진과 매우 빈번히 교류한 것은 아닌지 모르겠다.

무관해 보인다. 또 다른 유물은 강원도 원성군 법천리 2호분에서 출토한 한 건의 양형 청자 촛대이다. 그 조형은 비록 남경의 북쪽 교외에 위치한 象山의 동진 초기 7호묘에서 발견된 것[55]과 매우 유사하지만 이 묘는 부부 3인의 합장묘이다. 그러므로 양형 청자 촛대를 비롯해 일부 유물은 동진 중기의 것이다.[56] 동일한 유형의 그릇은 절강성 金華市 古方의 동진 중후기 2호묘에서도 보인다.[57] 최근 한국 학자가 중국에서 출토되거나 전세되고 있는 삼국시대 및 동진과 서진시대의 양형 청자를 모두 종합적으로 고찰한 후 법천리 2호분에서 출토한 양형 청자 촛대가 남경의 象山 7호묘에서 나온 동일한 유형의 그릇보다 시기가 늦고 이런 종류의 양형 청자 기형은 동진에서 유행했으며 남조에 이르러 비로소 완전히 소멸했음을 밝혔다.[58] 만약 당시 위험한 해로의 상황이나 백제와 동진이 겨우 3차례 통교에 성공했음을 고려한다면 법천리 2호분의 양형 청자가 백제에 온 시기는 그것이 제작되던 시간과는 일정한 시차가 있음이 분명하다. 혹 동진 후기에 이르러서야 가능했을지도 알 수 없다. 그러므로 대방과 잔여 마한부락을 병합하고 고구려를 철저하게 격파한

---

55) 南京市博物館, 「南京象山5號·6號·7號墓淸理簡報」, 『文物』1972년 제11기.
56) 피장자가 묻히는 시간이 다르므로 이 무덤의 부장품은 시간의 선후가 명백히 존재하게 된다. 조금 이른 세트는 동물다리 장식을 붙인 청자 燈, 청자 虎子 및 포수, 원형의 깨꽃 문양과 方格文 등을 장식한 반구호, 관을 대표로 하며, 시기는 동진 조기에 속한다. 시대가 조금 늦은 것으로는 계수호, 반점 문양을 장식한 반구호, 향로, 완, 그릇 뚜껑 등을 대표로 하는 세트가 있는데, 그 시대는 동진 초기보다 조금 늦거나 동진 중기에 해당하는 것이다. 王志高, 「南京大學北園東晉大墓時代及墓主身分的討論-兼論東晉時期的合葬墓」, 『東南文化』2003년 제9기.
57) 金華地區文管會, 「浙江金華古方六朝墓」, 『考古』1984년 제9기.
58) 李廷仁, 「魏晉時代 靑瓷羊形器 硏究」, 국립공주박물관 편, 『中國 六朝의 陶磁』, 2011.

근초고왕 이전에 백제는 아직 삼국의 오나 진과 직접적으로 교류할 실력과 조건을 갖추지 못하였기 때문에[59] 현재까지 백제 유지에서 나오는 중국 도자기는 대부분 근초고왕 27년(동진 함안 2년, 372) 이후 백제가 동진 및 남조의 여러 정권과 외교 관계를 가진 이후로 볼 수 있다.

다시 한 번 백제의 건국과 초기 천도에 관한 기록을 살펴보기로 하자. 고구려와 백제는 모두 북부여에서 갈라져 나와 동명왕 주몽을 시조로 한다. 주몽은 먼저 졸본부여지역에서 고구려를 건국하여 큰아들 유리를 태자로 세웠는데 이가 훗날의 유리왕이다. 주몽의 둘째 아들 비류와 셋째 온조는 태자에게 해를 당할까 두려워 부락을 이끌고 마침내 남으로 내려왔는데 온조가 백제를 건국했다. 백제의 천도에 대해 『삼국사기』 권37 「지리지 4 · 백제」는 『古典記』를 인용, "동명왕의 셋째 아들 온조는 전한 鴻嘉 3년(기원전 18년) 癸卯에 卒本扶餘에서 위례성에 이르러 도읍을 세우고 왕을 칭하여 389년을 지났다. 13세 근초고왕에 이르러 고구려 평양성을 취하고 한성에 도읍해 105년을 지났다. 22세 문주왕이 웅천으로 천도하고 63년을 지났다. 26세 성왕에 이르러 所夫里로 천도하고 국호를 남부여로 했는데 31세 의자왕에 이르기까지 122년 동안이었다. 당 顯慶5년(660), 즉 의자왕 재위20년 신라의 김유신과 당의 소정방이 백제를 평정했다." 이 기록을 통해 백제 초기 도성은 위례성과 한성

---

[59] 백제가 왜왕에게 하사한 일본 나라 天理市 石上神宮 소장 七支刀에 "泰和4년(369)"의 명문이 있는데, 이는 사서에 기록된 백제와 동진의 첫 교류인 372년보다 이전이다. 근초고왕 치하의 백제는 동진과 교류하면서 아마도 동진의 연호를 쓴 것으로 보이는데 이 문제는 비교적 복잡한 것으로 후일의 연구를 기다려야 할 것이다.

의 두 곳이었음을 알 수 있다. 위례성은 온조가 건국하여 근초고왕 26년(371)까지 389년간, 한성은 근초고왕26년에서 개로왕21년 (475) 문주왕이 웅진으로 천도하기까지 105년 동안 도성이었다.

그러나 여러 단서가 보여주는 것처럼 한성에 도읍하기 전의 위례성은 수차례 옮겨졌다. 『삼국사기』권23과 24의 「백제본기」에 관련 기사가 있다. 백제 건국 초기 온조가 烏干, 馬黎 등 10명의 신하 및 백성을 거느리고 "漢山에 이르러 負兒岳에 올라 살만한 곳을 바라보았다. 비류가 바닷가에 살고자 하니 10명의 신하들이 간하였다. '이 강 남쪽의 땅은 북으로는 한수를 띠처럼 두르고 있고, 동으로는 높은 봉우리에 의지하였으며, 남으로는 비옥한 땅을 내다보고 서로는 대해가 가로막고 있어 그 天險과 地利가 좀처럼 얻기 힘든 형세이니 이곳에 도읍하는 것 또한 마땅하지 않겠습니까.' 비류가 듣지 않고 그 백성을 나누어 미추홀로 가서 거주했다. 온조는 하남위례성에 도읍하고 10명의 신하를 좌우에서 보좌케 하고 국호를 十濟라 했다. 이때가 전한 成帝 鴻嘉 3년이다. 비류는 미추홀의 땅이 습하고 물에 염분이 있어 편안히 살 수 없어서 위례에 돌아와보니 도읍은 안정되고 인민은 평안하므로 마침내 참회하다가 죽었다. 그의 신하와 백성이 모두 위례에 귀부했다. 후에 온 백성들이 따르고 즐거워하여 백제라 이름을 바꾸었다." 온조왕 13년 "나라의 동쪽에 낙랑이, 북쪽의 말갈이 번갈아 국경을 침략하여 편안할 날이 드물었다." 이에 '한수의 남쪽 토양이 비옥한' 漢山으로 천도를 결정했다. "가을 7월에 한산 아래 나무 울타리를 치고 위례성의 민호를 옮겼다. 8월에는 마한에 사신을 보내 천도를 알리고 마침내 강역을 구획하여 정했는데, 북으로는 浿河에 이르렀고, 남으로는 웅천을 경계로 했고, 서로는 대해에 막혔고, 동으로는 走壤까지 이르렀다. 9월에는 성과 궐을 세웠다. 14년 춘 정월에는 천도하였다.…가을 7월에 한강 서북쪽에 성을 쌓고 한성의 백성을 나누어 살게 했다. 15년 봄 정월에는 새로운 궁실을 지었는데 검소하나 누추하지 않았고 화려하나 사치스럽지 않았다." 근초고왕 26년 겨울에는 "왕이 태자와 함께 정병 3만을 거느리고 고구려를 침입, 평양성을 공격했다. 고구려왕 斯由가 힘을 다해 막았으나 전투 중에 빗나간 화살에 맞아 사망했다. 왕이 군대를 이끌고 물러났다. 漢山으로 도읍을 옮겼다." 이후 근초고왕은 27년(372) 정월 및 28년 2월, 이년 연속으로 동진에 사신을 보내 조공을 하고 정식으로 동진과 교류하기 시작했다.[60]

이 기록을 자세히 분석하면 적지 않은 문제를 발견하게 된다. 온조왕이 건국할 때 이미 '한산에 이르러 북으로는 한수를 등진 하남의 땅에 도읍을 정했는데' 어찌하여 온조왕 14년 다시 한수 이남의 한산에 다시 천도하는가. 그리고 근초고왕 26년 한산으로 전노하는 것은 또 왜인가.『삼국유사』는 온조가 처음 도읍한 하남위례성을 지금의 충남 천안시 직산으로, 14년에 천도한 한산은 지금의 광주시 인근, 근초고왕이 천도한 북한성은 지금의 한강 이북의 양주 일대로 보았다.[61] 그러나 이것도 원만한 결론은 아니다. 주지하다시피 고구려 건국 초기 그 세력은 겨우 중국 동북 길림성의 渾江 유역에 불과하여 桓因縣 경내에 도읍을 하고 4세기 초에 이르러 겨우 낙랑을 점령하고 한반도 북부까지 발전했다.[62] 백제는 고구려에서 갈라

---

[60]『三國史記』권23「百濟本紀 1」과 권24「百濟本紀 2」, p.178·179·188·189.
[61] 민족문화추진위원회,『三國遺事』권2, 1973, p.156
[62] 魏存成,『高句麗考古』, 吉林大學出版社, 1994, p.5 13.

져 나온 신생 정권으로 건국 당시에는 곧 요동을 가로질러 한반도의 북부를 거쳐 다시 남으로 낙랑을 거쳐 지금의 한반도 중부에 위치한 서울로 옮겨 왔는데 이 점이 불가사의한 점이다. 상술한 문헌 기록에서 보듯 당시 백제가 직면한 가장 큰 곤경은 '동쪽의 낙랑과 북쪽 말갈'의 빈번한 침략이었다. 만약 이 때 도성이 이미 '북으로 한수를 등지고' 한산에 위치했다면 마땅히 '북쪽에 낙랑이 있다'고 했어야지 '동쪽에 낙랑이 있다'고 해서는 안 된다. 그러므로 건국 당시의 위례성은 단지 낙랑의 서쪽인 요동에 있어야 한다. 바로 낙랑과 말갈에서 벗어나기 위해 온조왕 14년 하남의 땅으로 천도하기로 결정한 것이다. 도성을 여전히 위례성으로 부르거나, 혹은 '하남위례성'으로 불러 옛 도읍과 구별하고자 했을 것이다. 기록에서 말한 '河'는 혹 패하, 즉 대동강을 의미하거나 혹은 그 이남의 다른 물길을 의미하는 것은 아닐까. 그러나 단연코 지금의 한강은 아니다. 그리고 이른바 '북으로는 浿河에 이르렀고, 남으로는 웅천을 경계로 했고, 서로는 대해에 막혔고, 동으로는 走壤까지 이르렀다'는 경계의 획정 역시 온조왕과 관련 있지 않다. 이는 분명 4세기 중후기 근초고왕의 영토 확장과 관련이 있을 것이다.[63] 『삼국사기』의 이런 분명한 착오에 대해 박순발 교수는 아마도 후대의 附記에서 오는 오류는 아닐까 추정했는데 매우 설득력 있는 견해라 하겠다. 온조왕 14년 이후에서 근초고왕의 치세까지 백제의 위례성이 다시 천도

---

63) 『三國史記』「百濟本紀」'온조왕'조에는 훈공의 기록이 매우 많은데, 마한을 멸망시킨 것 등 전설에 속할 만한 성질의 기사가 적지 않다. 이 가운데 중국 쪽 문헌에 의해 논증이 가능한 것도 없다. 아마도 백제의 시조라는 특수한 지위를 부각시키기 위한 기록으로 추정된다.

했는지에 대해 문헌에는 분명한 기록이 없다. 위례성이 일찍이 지금의 한강 남안에 위치한 하남시 일대로 옮겨가서 '하남위례성'이라는 이름이 생겼다는 추정도 있다. 물론 이런 가능성도 존재하지만 그러나 이게 온조왕 때에 이뤄진 것은 아니며 그 후로 봐야 한다. 이처럼 지점을 옮기고도 성의 이름을 바꾸지 않는 현상은 백제 위례성에서만 보이는 것은 아니며 고구려 평양성도 마찬가지이다. 고대 문헌과 〈好太王碑〉등 금석문의 관련 기록을 보면 평양성은 모두 3곳이다. 즉 上平壤, 下平壤, 그리고 南平壤이다. 상평양은 현재의 集安市 國內城, 하평양은 현재 평양의 長安城유지, 남평양은 현재 평양 長壽山城 이남의 平地城이다.[64]

근초고왕 시대(재위 346~375)는 백제의 전성기였다. 그는 대방군과 마한의 잔여 부락을 차례로 취하고 낙동강 이서의 가야를 臣屬시킨 후, 371년 고구려가 점령했던 낙랑의 고지 南平壤城을 빼앗고 고구려 고국원왕을 살해했다. 그리하여 경기도, 충청도, 전라도, 강원도 및 황해도 일부를 포함한 한반도의 대부분 지역을 장악함으로써 백제 영토를 최대한으로 확장시켰다. 그가 그해 '한산으로 천도'하고 다음해 처음으로 동진에 사신을 파견한 것은 모두 이런 배경 아래 이뤄진 것이다. 咸安 2년(372) 6월 동진의 簡文帝는 근초고왕을 '鎭東將軍, 領樂浪太守'에 봉하였는데,[65] 이는 중국에서 백제가 고구려로부터 낙랑군 지역을 빼앗은 것을 인정한 것으로 볼

---

64) 苗威, 「高句麗 "平壤城"考」, 『中國歷史地理論叢』제26권 제2집, 2011년 4월.
65) 『晉書』권9 「簡文帝紀」에는 "(함안)2년 봄 정월 신축에 백제와 임읍왕이 각각 사신을 보내 방물을 바쳤다…6월에는 백제에 사신을 보내 余句를 鎭東將軍, 領樂浪太守로 봉했다"는 기록이 있다(p.221·223)

수 있다. 이것야말로 근초고왕이 처음으로 동진에 사신을 파견하여 얻은 중요한 외교적 수확이라 하겠다.

우리는 서울 한강 남안에서 발견한 풍납토성을 371년 근초고왕이 '한산으로 천도'했다고 하는 백제의 도성으로 추정하고 있는데, 이전의 위례성은 아마도 백제와 고구려 역사상 흔히 보이는, 방어를 목적으로 하는 산성일 가능성이 크다. 근초고왕은 한강변 평지의 토성으로 과감하게 천도하였는데, 이는 당시 국력이 강성해져 주위에 백제를 대적할 만한 세력이 없음을 반영하는 것이라 하겠다. 그렇다면 진격하면 강을 건너 공격할 수 있고, 뒤로 물러서면 강에 의지해 방어가 가능한 풍납토성은 백제 흥성의 산물이라 하겠다. 주목해야 하는 것은 근초고왕의 '한산 천도'는 한산에 도읍을 새로 건설한 것이 아니라 이미 있던 성지 혹은 취락을 이용한 것인데, 이는 풍납토성 안에서 발견되는 초기의 해자가 있는 취락과도 부합하는 것이다.

근초고왕이 천도한 백제의 도성을 한성이라고 부른 것은 『삼국사기』「백제본기」아신왕 원년(392),[66] 전지왕 원년(405) 및 2년에서 보인다.[67] 그밖에 아신왕 4년, 동성왕 4년(482) 및 5년[68]에도 漢

---

[66] 『三國史記』권25 「百濟本紀 3」, p.191. "아신왕은 한성 별궁에서 태어났는데 신비로운 빛이 밤을 밝게 비추었다"는 기록이 있다(p.191).

[67] 『三國史記』권25 「百濟本紀 3」, p.192. "전지가 왜국에서 부음을 듣고 소리 내어 울며 귀국하기를 청했다. 왜왕이 병사 100명을 호위해 보냈다. 전지가 국경에 이르자 漢城 사람 解忠이 와서 보고했다.…2년 가을 9월 解忠을 달솔로 삼고 漢城의 租 1천석을 주었다."

[68] 『三國史記』권25 「百濟本紀 3」, p.192. "아신왕 4년 겨울 11월 왕이 패수의 싸움을 보복하려고 친히 군사 7천 명을 거느리고 한수를 건너 청목령 아래 머물렀다. 그러나 큰 눈을 만나 병사들이 얼어 죽자 군을 돌려 한산성에 이르러 군사들을 위로하

山城의 이름이 나오는데, 흡사 국도 한성 부근의 방어를 위한 산성으로 보인다. 『삼국사기』에서 漢城이라는 이름은 대부분 근초고왕이 한산으로 천도한 이후에 출현한다. 단지 두 사례만이 비교적 특수하여 모두 온조왕 시대의 기록이다. 즉 앞서 인용한 14년 외에 25년에도 보인다. 25년에는 "봄 2월, 왕궁의 우물이 거세게 흘러 넘쳤다 한성 민가의 말이 소를 낳았는데 머리 하나에 몸이 둘이었다."는 내용이 기록되어 있다. 앞서 이미 분석한 것처럼 당시의 도성은 위례성이었다. 두 곳에서 출현하는 '한성'은 아마도 후인이 附記하면서 잘못 넣은 것일 게다. 또한 '북한산성'이 개로왕 5년(132) 2월 처음 축조되었다고 했고,[69] 비류왕 24년(327) 9월에 '내신좌평 優福이 일찍이 北漢城에서 반란을 일으켜 왕이 군대를 동원해 이를 토벌했다'[70]는 기록이 있다. 개로왕과 비류왕이 거처하던 곳은 모두 위례성이며 때문에 두 성(혹은 동일한 성을 지칭할 수도 있다)은 아마도 백제가 한상 이북에 선립한 군사 서섬일 가능성이 크다. 개로왕 21년(475) 9월, 고구려 장수왕이 군대 3만을 이끌고 백제 도성 한성을 공격할 때 개로왕의 아들 문주왕이 신라에 구원을 요청한 군대가 아직 이르지 못해 성이 함락되고 왕은 전사했다. 10월 문주왕은 웅진으로 천도했다.[71]

475년 웅진 천도 이후 한성은 더 이상 도성은 아니었지만 『삼국

였다.": 『三國史記』 권26 「百濟本紀 4」, p.199. "동성왕 4년 가을 9월 말갈이 한산성을 격파했다.…동성왕 5년 봄, 왕이 사냥을 나가 한산성에 이르렀다."
69) 『三國史記』 권23 「百濟本紀 1」, p.183.
70) 『三國史記』 권24 「百濟本紀 2」, p.188.
71) 『三國史記』 권25 「百濟本紀 3」, p.196; 『三國史記』 권26 「百濟本紀 4」, p.198; 『三國史記』 권18 「高句麗本紀 6」, p.147.

사기』와 『삼국유사』의 기록을 분석해보면 고구려가 단지 짧은 기간 동안 점령했을 뿐, 일정 기간 동안 여전히 백제에서 파견한 군대가 주둔하며 지켰던 요충지였다. 이는 무령왕 7년(507) 고구려가 한성을 공격하고자 한 데서도 알 수 있다. 23년 무령왕은 친히 한성에 이르렀는데,[72] 대략 이후에야 비로소 고구려와 신라가 차례로 한성을 점령하게 된다.[73] 그러나 이 시기 한성이 계속 옛 지역을 그대로 사용했는지 아니면 새로 성을 쌓았는지는 기록이 분명치 않다. 풍납토성에서 일찍이 문양이 비교적 특수한 연화문 와당 일군이 발견되었는데 웅진시대와 사비시대에는 보이지 않는 데다 남조의 연화문 와당과도 꽤 다르며 고구려의 연화문 와당과 흡사하였다. 아마도 이 유물은 고구려의 점령과 관련이 있을 것이다.

흥미로운 것은 풍납토성에서 동남쪽으로 1km 정도 떨어진 곳에 또 하나의 백제 토성, 즉 몽촌토성이 있다는 점이다(그림 15). 몽촌토성은 자연의 구릉을 이용하여 일부분은 깎아내고 일부는 항토하여 건립한 것으로 둘레가 2285m에 이른다. 한국학계는 일반적으로 한성시대의 백제 도성은 이 두성으로 구성되어 있었으며, 그들의 기능은 상호 보완적인 것으로 이해하고 있다. 북쪽에 위치한 풍납토성의 규모가 크고 군사 방어적인 성격이 적어 도성인 '大城'으로, 남쪽의 몽촌토성은 비록 규모는 작지만 군사 방어적 성격이 매우 커서 왕이 거주하던 '王城'이었을 것이다. 몽촌토성의 연대에 대해

---

[72] 『三國史記』 권26 「百濟本紀 4」, p.201. 고구려가 백제의 한성을 공격한 기사는 『三國史記』 권19 「高句麗本紀 7」, p.150에 있다.
[73] 『三國史記』에는 한성과 북한산성이 고구려와 신라에 차례로 속하게 되었다는 기사는 이외에도 많다.

풍납토성의 세 가지 문제에 대한 시론

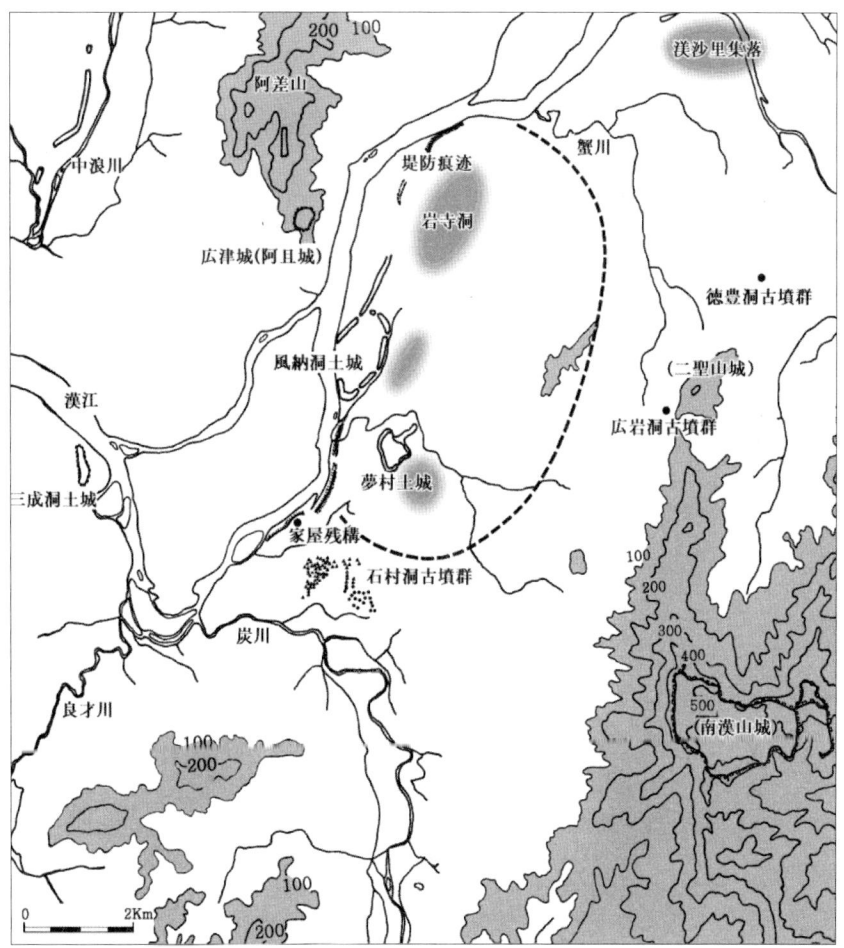

〈그림 15〉 토성과 산성의 분포도

서는 성벽 항토에서 錢文 도기 잔편이 발견됐기 때문에 과거에는 대부분 풍납토성보다 조금 늦어 3세기 말에서 4세기 초에 축조하기

119

시작했으며 일부 성벽은 5세기 후기에 수리된 것으로 추정했다.[74] 그러나 상술한 것처럼 몽촌토성에서 출토된 錢文 도기는 동진 중후기보다 올라가지 않으므로, 축조 시기는 5세기 이후의 남조 초기라고 보아야 한다. 이와 같은 雙城制, 혹은 多城制는 4·5세기 동아시아 각국 도성의 보편적 현상으로서 당시 고구려 평양성에는 서로 1.7km 거리를 두고 장수산성과 평지성(남평양성으로 추정하기도)의 두 성이 있었다.[75] 그리고 당시 동진과 남조의 도성 건강성은 20리 19보의 둘레를 가진 도성 이외에도 그 바깥쪽에 東府城, 西州城, 丹陽郡城, 越城, 白下城, 石頭城 등이 둘러싸고 있었다. 이 가운데 방어기능이 가장 강했던 것은 성의 서쪽 長江변에 위치한 석두성이었다.

더욱 중요한 것은 백제 도성 한성은 南城과 北城의 두 성으로 이루어졌다는 점이다. 『삼국사기』 권25 「백제본기 3」 '개로왕21년'조에 그 단서가 보인다. '그해 9월 고구려 군대가 한성을 위요하고 공격하려 할 때 먼저 北城을 쳤는데 7일 만에 성을 함락시켰다. 이후 南城으로 공격을 옮겼는데 성 안 사람들이 두려워했고 왕은 도망쳤다'고 하여 한성이 확실히 南城과 北城으로 이뤄졌음을 알 수 있다. 개로왕이 南城에 거주했고,[76] 먼저 공격당한 北城의 군사 방어 기능이 南城보다 못한 것은 바로 풍납토성과 부합한다. 역시 개로왕 21년에는 이 공격 이전 백제를 공격하기 위해 고구려 장수왕이

---

74) 주3 참조
75) 주64 참조
76) 『구당서』 권199 「東夷傳·百濟」에 "왕이 거주하는 동서의 두 성이 있다"(中華書局, 1975, p.5329)고 했는데 구체적으로 어느 시대의 백제 도성인지 불분명하다.

일찍이 승 道琳을 간첩으로 보내 개로왕을 매우 곤혹케 하는 대목이 있다. 즉 "국인을 모두 징발하여 성을 쌓고 그 안에 궁과 누각, 臺榭 등을 지었는데 웅장하고 화려하지 않은 게 없었다."[77] 때문에 왕도 南城은 아마도 개로왕이 거국적으로 쌓은 것으로 군사 방어력이 매우 강하고 시대는 北城보다 늦으니 몽촌토성과 부합한다.

지금까지의 논의를 종합해보면, 백제 초기의 도성으로는 위례성과 한성이 있다. 건국 초기 위례성은 요동 일대에 위치했으며, 그 후 위례성은 여러 차례 옮겨 갔으나 이름은 바뀌지 않았는데, 아마도 3세기 전후 한강 유역으로 옮겨온 것으로 추정된다. 한성이 백제의 도성으로 기능한 것은 근초고왕 26년(371) 시작되어 개로왕 21년(475) 9월까지이며, 성은 南城과 北城의 두 토성으로 이뤄져 있었다. 이밖에 한강 남안에는 왕도를 위요하는 몇 기의 산성이 존재했다. 풍납토성에서 출토된 중국 도자기로 판단하건대 풍납토성의 시내는 동진 중후기에서 남조 조기로서 한성이 백제의 도성으로 기능하던 시대와 일치한다. 아마도 문헌 속의 北城이 도성이며, 몽촌토성은 그 동남쪽에 개로왕 치세(455~475)에 크게 축조되었을 것으로 보이는데, 문헌속의 백제왕이 거주하던 南城일 것이다.

(부기: 본문에서 사용한 한국측 자료와 삽도는 대부분 박순발, 권오영, 조윤재, 한지수 등의 관련 논문을 사용했다. 이 자리를 빌려 감사드린다.)

---

77) 『三國史記』 권25 「百濟本紀 3」 '개로왕21년'조에 이 일을 상세히 기록하고 있다. (p.196)

風納土城の補強土壁工法

小山田宏一（大阪府立狭山池博物館）

目　次

Ⅰ.はじめに
Ⅱ.敷葉工法・補強土工法・河川工法・建築技術
Ⅲ.風納土城の補強土壁工法
Ⅳ.韓国の補強土工法と風納土城
Ⅴ.おわりに

Ⅰ.はじめに

　風納土城は、考古学の手法により百済建国の歴史的環境を解明する鍵となる土城であり、とくに東アジア情勢と風納土城出現期の歴史的関係、風納土城の築造技術という2点に注目している。

　2012年9月21日に開催された漢城百済国際会議「東北アジアの中の風納土城」では、「日本考古学からみた風納土城」と題し、「東アジア情勢と風納土城の出現」、「風納土城の土木技術」を取り上げた。「東アジア情勢と風納土城の出現」では、風納土城の出現(百済国家形成期)を3世紀後半頃とみなした上で、その歴史的環境について、ほぼ同じ頃に出現したヤマト王権誕生と比較する必要性を述べた。

　日本では、3世紀後半に王権の性格が大きくかわる。卑弥呼に代表される邪馬台国時代は、中国王朝との対外交渉の成果を内政に転化して王権を維持していたが、中国王朝の政治的求心力が低下し始めた3世紀後半になると、中国王朝の権威にかわる地域王権の編成装置として古墳祭式が創出されてヤマト王権の時代を迎える。中国王朝が衰退し不安定になった東アジア情勢のなかで、邪馬台国段階とは性格の異なる広域王権が誕生したのである。邪馬台国時代のホケノ墳墓は楽浪漢墓を模倣した木槨墓であり、副葬品には楽浪郡の上級官僚墓(貞柏里3号)にも副葬されるほど格式の高い中国製画紋帯神獣鏡がみられる。しかしヤマト王権の時代に入ると、木槨墓は竪穴式石槨にかわり、副葬品は遺骸を護り死者の再生を願う宝器(呪具)として、再生のシンボルである西王母とその世界を描く三角縁神獣鏡や、古代中国の玉の思想に着想を得て呪力を持つと観念されていた南海産大形巻貝をモデルに腕輪形宝器(鍬形石、石釧、車輪石)が考案された[1]。

---

1) 小山田宏一 「画紋帯同向式神獣鏡とその日本への流入時期―鏡からみた「3世紀の歴史的枠組み」の予察―」『大阪府立弥生文化博物館研究報告』第2集、1993年。小山田宏一 「前期前方後円墳の特徴―副葬品―」『季刊考古学』第52

このようなヤマト王権の誕生は、東アジア史的に見れば、中国王朝の政治的影響力の衰退により多極化した東夷の国々における新たな国家形成運動の一類型と見なすことができる。そこで出現年代がほぼ同時期であるとみなした風納土城の出現背景についても、ヤマト王権の誕生を促した歴史的枠組をもって検討する余地があるのではないかと考えた。

　しかし、西晋から東晋と考えられていた風納土城出土の施釉土器は製作年代が東晋中・後期から南朝早期(4世紀後半～5世紀中頃)に下る可能性が出てきた(漢城百済国際会議、王志高「試論韓国ソウル風納土城的三つの問題」)。また2011年に実施された調査の現地説明会資料によれば、最終段階までの築造工程は第1～4段階に区分され、基礎工事段階は3世紀中後半、城壁の初築と増築は4世紀代以降というAMS年代が中間報告されている[2]。

　今後、風納土城の築城年代は漢城百済期の土器編年の再検討とともに、建設的な議論が期待できる。現在、風納土城の造営年代には多くの課題がある。ヤマト王権の誕生と風納土城出現期の歴史的枠組の比較は後日に期するとして、小論のテーマは風納土城の城壁にみられる天然材料を敷設する補強土工法に絞りたい。韓国や日本で調査事例が増加してきた補強土工法の比較研究は、城郭建築技術の版築とともに、古代

　　号、1995年。小山田宏一「三世紀の鏡と「おおやまと古墳群」」伊達宗泰編『古代「おおやまと」を探る』学生社、2000年。
[2] 国立文化財研究所『風納土城』2011年土城壁発掘調査現地説明会資料、2011年。

東アジア土木技術交流史の重要なテーマである。

II. 敷葉工法(부엽공법)・補強土工法・河川工法・建築技術

1. 用語の整理

韓国や日本では、草本(主に禾本科)、樹皮、粗朶等の天然材料を敷設して軟弱地盤や盛土を補強する工法を敷葉工法と呼ぶ場合が多いが、事例の増加にともない、もともと築堤工法の一種として命名された敷葉工法[3]だが、その後、事例が増加して護岸や堰などの河川構造物で洗掘や吸出しを防止するために天然材料を敷設した事例についても適用されるようになった。

私はこのような事態を憂慮して、地盤工学用語や各種の土構造物を強化・安定・保護するジオテキスタイル工法[4]を参考に、地盤や盛土を補強する補強土工法(突堤・土塁・池堤・道)と洗掘から水利構造物を保護する河川工法(水路堤・護岸・堰・堤など)に大別した。また従来の築堤の敷葉工法については、粗朶のほか草本・樹皮・丸太などの補強材が

---

3) 工楽善通「古代築堤における「敷葉工法」」『文化財論叢II』1995年。
4) 財団法人土木技術センター「ジオテキスタイルを用いた補強土の設計・施工マニュアル(改訂版)」2000年。ジオテキスタイルは補強土工法や河川工法で用いられている補強・保護材である。

あり、補強土工法という地盤工学用語で概括した方が望ましいと考えている[5]。

『地盤工学用語辞典』[6]の補強土工法の定義を整理すると、次のようになる。①補強土工法とは、土(方盛土・地山・地盤)の中に土よりも高い剛性、高強度の補強材を敷設あるいは挿入し、土と補強材の相互作用によって地盤の変形を内部から拘束し、土塊全体の安定性や強度を高める工法であり、盛土内に補強材を配置して盛土や擁壁を構築する盛土補強工法と、地盤の支持力を増加しながら水平地盤の埋立てや盛土を行う地盤補強工法がある。

②盛土補強工法は、盛土内に引張り補強機能や排水機能をもつ補強材を敷設し、土との相互作用で盛土にせん断強さや引張り強さを付与し、盛土の安定性を向上させる補強盛土工法と、盛土内に敷設した引張り補強材の引抜き抵抗力によって、土留構造物としての効果を高める補強土壁工法がある。

③補強盛土工法のうち、低品質の発生土を盛土材料に用いるため排水機能を有するジオテキスタイルを高含水比の盛土内に敷設し、盛土内に発生する過剰間隙水圧の消散による圧密の促進と、これに伴う土のせん断強度の増加によって安定した盛土を構築する工法を排水補強工法と呼ぶ。

現在、補強材は木製・鋼製のほか、排水・補強・分離機能

---

[5] 小山田宏一「天然材料を用いた土構造物の補強と保護」『大阪府立狭山池博物館研究報告』6、2009年。
[6] 地盤工学会編『地盤工学用語辞典』2006年。

があるジオテキスタイル(繊維シート、ネット・グリッドなどの製品)が用いられている。つまり草本や粗朶などは、天然のジオテキスタイルである。

2. 鳥城里の評価

　粗朶・草本・木材を敷設して杭で留める鳥城里[7](全羅南道宝城)の堰は紀元前1世紀〜後1世紀にさかのぼり、韓国最古の敷葉工法ともいわれた。しかし天然材料を敷設する目的は洗掘から堰体を保護することであり、鳥城里の事例は河川工法になる(図1)。

　水利構造物の河川工法は粗朶や草本などの天然材料を用いる点では同じだが、築堤の補強土工法とは敷設目的が異なるのであり、その技術系譜は区別した上で整理しなければならない。

3. 安豊塘の評価

　鳥城里に関連して、中国安徽省の安豊塘(芍陂)についても慎重な取り扱いが望まれる。安豊塘は戦国時代の創建だが、当初は水害防止の遊水池であり、後漢建初8(83)年、盧

---

7) 高卿珍「韓国の水利施設」大韓文化遺産研究センター編『古代東北アジアの水利と祭祀』2011年。

風納土城の補強土壁工法

〈図1〉鳥城里遺蹟の堰

江太守の王景による改修以後、本格的な貯水池になった[8]。

1959年、王景の改修箇所が発掘調査された[9]。その結果、王景は堤を開削して壩(水門)を設置したあと積み直していることがわかった。堤は、砂殭石(砂礫)の基礎の上に草と粘土を交互に積み上げて地山まで補強杭を打ち込む構造である。粘土は灰黒色で固く、石灰を混ぜた改良土の可能性がある。このような安豊塘の散草法は、築堤の補強土工法

---

8) 村松弘一「中国古代淮南の都市と環境―寿春と芍陂―」『中国水利史研究』第29号、2001年。
9) 殷滌非「安徽省寿県安豊塘発現漢代閘壩工程遺址」『文物』1960年1期。

として紹介されることが多かった。しかし、王景は水理学に詳しく河川構造物である堰の工事を得意とする有能な官吏であり[10]、盛土中に天然材料を敷設した理由は水位の変動や流水による浸食、洗掘から水門付近の堤を保護するためであったと考えられる。つまり王景の築堤は河川工法に分類されるのである。

4. 安豊塘と楼蘭故城

周知のように敦煌以西の漢代の長城(図2・3)は、版築層あるいは日干し煉瓦層とタマリスク・葦の敷設層を交互に積む堅固な構造であり、安豊塘と共通する点が多い。伊藤敏雄の報告[11]によれば、楼蘭故城の西南約50kmにあるLK遺跡は、版築層とタマリスク・胡楊の枝を交互に積み上げた城壁の頂部には、安豊塘に類似する強化棒があった。またLK遺跡の西北にあるLL遺跡の城壁の頂部にも、2列の強化棒(直径10〜20cm)を確認することができる。強化棒は壁体の安定性を増加させる構造材である。

安豊塘と長城の類似点を述べた。この類似は偶然の一致ではなく、長城の建築技術が安豊塘の改修工事に応用された結果であるとみなすことが穏当であろう。河川工法は関連分野

---

10) 『後漢書』列伝・循吏列伝第66王景。
11) 伊藤敏雄 「近年の楼蘭調査と周辺の遺跡」『歴史研究』第30号(大阪教育大学)1993年。

風納土城の補強土壁工法

〈図2〉漢代の長城

〈図3〉漢代の狼煙台

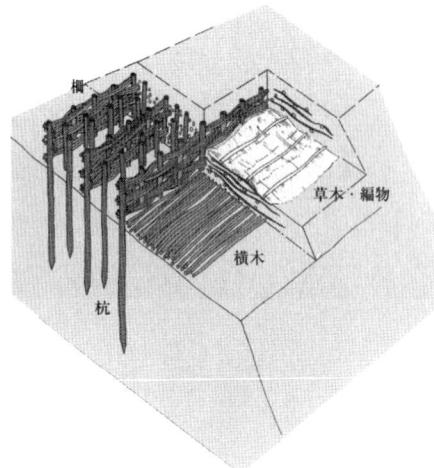

〈図 4〉百間川米田遺蹟の堤防

〈図 5〉百間川米田遺蹟の堤防/附設材

との技術交流を通じて技術体系が形成されたのである。

5. 日本河川工法

参考として、日本の河川工法の事例を二つ掲げておく。愛知県室遺跡では自然堤防を開削し樋管を設置したあとの埋戻しで、粗朶や草本を少なくとも12層以上にわたり敷き詰めたあと天端から敷設層を拘束する杭を打設する。8・9世紀である[12]。岡山県百間川米田遺跡の堤防は、全長3mを超える木杭を多数打ち込み粗朶束を絡め(木柵)、法表には草本の編み物や粗朶の敷設層を土と交互に積み重ねている(図4・5)。10世紀後半である[13]。いずれも天然材料は流水の洗掘から河川構造物を保護し、盛土の流出と崩壊を防ぐために敷設している。

III. 風納土城の補強土壁工法

1. 補強土壁工法

1999年調査[14]A地点のV土塁で、天然材料を敷設する補強

---
12) 財団法人愛知県埋蔵文化財センター『室遺跡』1994年。
13) 岡山県教育委員会『百間川米田遺跡4』2002年。
14) 国立文化財研究所『風納土城II』2002年。

동북아시아 속의 풍납토성

〈図6〉風納土城の木組と附設層

〈図7〉風納土城の木組

土工法が確認された。盛土の工法的特徴は、①粘性土と交互に搗き固める木葉・樹皮・稲藁の敷設層が12層あること（図6）、②階段状に上下に角材を結構する5段の木組を併用していること（図7）、③ 角材列は城壁の主軸に直交して8列あり、盛土内で立体構造になること、④木組は盛土の進行に伴い順次構築されていること、④壁体の端に杭を打設していることなどであり、盛土内の木組は盛土の変形を拘束し安定性を高める構造材、壁体端部の杭列は土圧や水圧による盛土の膨れに対する土留め杭になる。

　このような盛土構造のⅤ土塁は、城壁増築の最終段階として、城内側の石積土留壁Ⅵ土塁と一連的な工事であり、補強土工法のなかの補強土壁工法にあたる。ただし、A地点Ⅴ土塁に対応するB地点Ⅴ土塁、2011年調査第4段城壁[15]は、先行する版築壁体に比べるとやや粗略な粘性土の築土が基本であり、A地点Ⅴ土塁の補強土壁工法は例外的な存在といわざるを得ない。築土中に壁体が崩れ、緊急的に補修した結果であろうか。

2. 基礎部の黒色有機質層

　補強土工法に関連して、自然堤防を整地・造成した基礎部で確認された黒色有機質層に注目したい。2011年の調査でも

---

15) 前掲注2。

確認されている。黒色有機質層について現地説明会資料は、天然材料の敷設層とする積極的な根拠は乏しいという見解である。私の観察所見も同じであるが[16]、巨大な版築壁体を支持する基礎部の土層であり、単なる有機質層ではないことは明らかにである。

現状では石灰を混ぜる土質改良のほか、①実験的に明らかにされているように[17]、土質を改善・補強するために混合された炭化物が搗き固め段階で破砕され有機質になった、②植物繊維を混ぜて土を補強する(短繊維混合補強)、③土を締めるために植物油[18]やモチ米の絞り汁[19]などを加える、ことなどが想定できる。風納土城に限らず黒色有機質層を挟む事例は多く、分析を積み重ねてゆく必要がある。

---

16) 2011年11月28日に訪問した。調査担当者の李晟準氏(国立文化財研究所)に感謝します。
17) 黒木啓一朗・落合英俊・安福規之・大嶺聖・小林泰三・塩崎増仁 「刈草炭化物の混合による火山灰質粘性土のトラフィカビリティー改善効果」『第6回環境地盤工学シンポジウム発表論文集』2005年。炭化物は非常にポーラスな構造で吸水能力が大きく、高含水比の粘土や火山灰質粘土に混合することで、土中の水分を吸収し、土の性質を改善する。
18) R. P. ホムメル(国分直一訳)『中国手工業誌』法政大学出版局、1992年。中国浙江省では、土に締まる力がなければ、Dryandra cordata(落葉高木、中国名: 油桐、日本名: オオアブラギ)から搾り取った油を混ぜている。
19) 鬼塚克忠・陸江・唐暁武・甲斐大祐 「中国における古代の版築技術について」『土と基礎』50-5、2002年。古代中国の版築はさまざまな材料を混ぜているが、秦代の長城ではモチ米の炊き汁を混ぜたという。

3. 日本の黒色有機質ブロック

　短繊維混合補強に関連して、大阪府堺市百舌鳥大塚山古墳・大阪府藤井寺市津堂城山古墳外堤・大阪府高槻市今城塚古墳の盛土や大阪府大阪狭山市狭山池の堤などで確認されている黒色ブロックを紹介しておく。百舌鳥大塚山古墳[20]・津堂城山古墳[21]・狭山池[22]では、ブロック土やその採取地点と推定される周辺の土壌を花粉分析した結果、引張り力のあるネザサ節が検出されている。また狭山池の堤体斜面を保護する土嚢の土は、樹皮を混合するものである。

Ⅳ. 韓国の補強土工法と風納土城

1. 韓国補強土工法の概観

　管見によれば16事例を確認している(表1)[23]。土構造物の種類は、土城(風納土城[24]・鳳凰土城[25])・山城(雪峰山城・城

---

20) 堺市教育委員会『堺市文化財調査報告第40集』1989年。
21) 藤井寺市教育委員会『石川流域遺跡群発掘調査報告ⅩⅧ』2003年。
22) 外山秀一「プラント・オパールからみた狭山池の堤体堆積物」『狭山池 論考編』1999年。616年築造の初期堤体の基礎部は粗朶の敷設層を挟みブロック土が積まれている。
23) 遺構や年代等の事実関係に誤りがある場合は、筆者の責任である。
24) 前掲注2・14。
25) (社)慶南考古学研究所『鳳凰土城』2005年。

山山城[26)]・扶餘餘羅城の城壁[27)]、堤防状遺構(鳳凰洞[28)])、防潮堤(碧骨堤[29)])、氾濫水の侵入を防ぐ防水堤(伽倻里[30)])、池の堤(薬泗洞[31)]・恭倹池[32)]・義林池[33)]・位良池[34)]・合徳堤[35)])、道(扶餘羅城東門付近[36)])がある。瓠蘆古壘[37)]は建物の基礎工事である。

---

26) 李晟準「咸安城山山城発掘調査の意義」『大阪府立狭山池博物館研究報告』6、2009年。
27) 尹武炳「91・93年度扶餘羅城発掘調査報告書』『扶餘羅城』国立扶餘博物館、2003年。朴淳發(山本隆文訳)「百済泗沘都城の羅城構造について」『古文化談叢』第45集、2000年。忠南大学校百済研究所『泗沘都城』2003年。
28) (財)慶南考古学研究所『金海鳳凰洞遺跡』2007年。蘇培慶(平群達哉訳)「金海鳳凰洞遺跡の堤防状遺構」『大阪府立狭山池博物館研究報告』7、2011年。
29) 尹武炳「金堤碧骨堤発掘調査報告」『百済考古学研究』学研文化社、1992年。尹武炳(堀田啓一・林日佐子訳)「金堤碧骨堤発掘調査報告」『古代学研究』第139号、1997年。
30) (財)ウリ文化財研究院『咸安伽倻里堤防遺蹟』2010年。權純康「咸安伽倻里堤防遺蹟」『古代東北アジアの水利と祭祀』(財)大韓文化遺産研究センター、2011年。
31) (財)ウリ文化財研究院『蔚山薬泗洞堤防遺蹟』(現地説明会資料)2010年。李保京「蔚山薬泗洞堤防遺蹟」『古代東北アジアの水利と祭祀』(財)大韓文化遺産研究センター、2011年。李保京「蔚山薬泗洞堤防遺蹟」中国水利研究会2011年度大会資料集、2011年。年代は水利史研究会発表資料に拠る。
32) (財)慶尚北道文化財研究院『尚州恭倹池復元整備事業敷地内文化財発掘調査中間結果略報告書』2011年。尚州市・慶尚北道文化財研究院『尚州恭倹池歴史性の再照明』国際学術大会資料集、2011年。初築年代は朴元圭他「尚州恭倹池出土木材の年代測定および年輪分析」に拠る。
33) 忠北大学中原文化研究所・韓国第4紀学会・堤川市『義林池の誕生背景とその歴史性』国際学術会議資料集、2009年。初築年代は成正鏞「古代水利施設の発展過程からみた義林池の特徴と意義」に拠る。
34) (財)慶南文化財研究院『密陽位良池水利施設改良修復事業区画内文化遺跡発掘調査結果略報告』2012年。
35) 忠南大学校博物館『唐津合徳堤』2002年。
36) 前掲注27朴淳發(山本隆文訳)「百済泗沘都城の羅城構造について」。忠南大学校百済研究所『泗沘都城』。
37) 韓国土地公社韓国土地博物館『漣川瓠蘆古壘』2009年。

〈表1〉韓国の補強土工法

1	風納土城	ソウル特別市	百済	城壁	4・5世紀	＊ ○ ● □	補強盛土工法(補強土壁)
2	雪峰山城	京畿道利川	百済?	城壁	漢城百済期?	■ ●	地盤補強工法
3	鳳凰土城	慶尚南道金海	伽耶	城壁	5世紀後半	■ □	地盤補強工法
4	扶餘東羅城	忠清南道扶餘	百済	城壁(扶餘博2003)	6世紀	■	地盤補強工法
5	扶餘東羅城	忠清南道扶餘	百済	城壁(忠南大2003)	6世紀	■	地盤補強工法
6	城山山城	慶尚南道咸安	新羅	城壁	6世紀中頃	● ○ ▲	地盤補強工法
7	瓠蘆古壘	京畿道漣川	高句麗	地下式壁体建物基礎	6世紀中頃～	● □	地盤補強工法
8	碧骨堤	全羅北道金堤	百済	防潮堤	4世紀(調査中)	●	地盤補強工法
9	鳳凰洞	慶尚南道金海	伽耶	堤防状遺構(土塁?)	5世紀後半	■ △ □	地盤補強工法
10	伽倻里	慶尚南道咸安	伽耶	防水堤	5・6世紀	■ ●	補強盛土工法(補強土壁)
11	薬泗洞	蔚山広域市	新羅	池堤	6・7世紀	■	地盤補強工法・補強盛土工法
12	恭儉池	慶尚北道尚州	新羅	池堤	7世紀後半	■ □	地盤補強工法
13	義林池	忠清北道堤川	新羅・高句麗	池堤	7～10世紀	□	地盤補強工法
14	位良池	慶尚南道密陽		池堤	朝鮮時代?	■	地盤補強工法
15	合德堤	忠清北道唐津		池堤	18・19世紀	■	地盤補強工法
16	扶餘東羅城	忠清南道扶餘	百済	道(忠南大2003)	6世紀	■	地盤補強工法

△ 胴木 ● 草本 ○ 樹皮 ＊ 木葉 ▲ 木片 ■ 粗朶 □ 丸太・角材

　自然堤防を地盤とする風納土城、建物の基礎工事である瓠蘆古壘を除くと、山間部の河谷(城山山城・雪峰山城・薬泗洞・恭儉池・義林池・位良池)、丘陵間低地(伽倻里)、臨海部低湿地(碧骨堤・鳳凰土城・鳳凰洞・合德堤)、沖積低地(扶餘東羅城)など砂、緩い砂質土、間隙比の大きい有機質や微細な砂・シルトから構成される軟弱地盤上の土構造物であり、その工法は地盤補強工法になる[38]。補強材は草本、樹皮、木葉、木片(木簡)、粗朶、丸太などがある。5世紀になると、引張り力があり枝條間の隙間がネットやグリッドのように土を拘束する粗朶が中心的な材料になる。

　高含水比の超軟弱地盤と推定される恭俭池・義林池や泥質土が卓越する鳳凰洞・鳳凰土城は、粗朶の敷設と丸太を用いた各種工法が併用された。恭俭池は粗朶敷設層の下層に最大直径が20～30cmの丸太や雑木を隙間なく敷き詰める敷設材工法が、鳳凰洞は貝殻や貝粉を混ぜた改良土の上面に直径20～25cmの木材を格子状に並べた胴木基礎が確認される。鳳凰土城は盛土の中心部に木柱がある。根入れの深さは不明であり、据えたのか地固めをかねて打ち込んだのかは判断がつかないが、トレンチ断面に横木の痕跡があり、木組み構造の木柱であると考えられる。義林池は、丸太の木組みを芯構造とする盛土がある。ただし法面の木葉層は盛土の補強材ではなく洗掘対策の敷設材である。

2. 韓国補強土工法と風納土城

　概観した結果、韓国の補強土工法は軟弱地盤の補強土工法と壁体の安定をはかる補強土壁工法に分かれる。風納土

---

38) 敷設層が面的に広がらす施工箇所が限定される伽倻里堤防は、補強土壁工法の可能性がある。粗朶が基礎部から堤体本体まで敷設されている薬泗洞は、補強盛土工法をかねている。

城は高句麗の影響を強く受けているのに対して、地盤補強土工法の初期の事例になるものと推定される碧骨堤は江南に起源する防潮堤の系譜を引いている。補強土壁工法は高句麗方面に、軟弱地盤の地盤補強土工法は江南方面に技術系譜を求めることが妥当であろう。現状では、補強材を敷設する補強土壁工法は風納土城に限られている。しかし義林池・鳳凰土城の木組み構造は、風納土城の補強壁土工法に用いられた構造材工法の影響を受けている可能性がある。韓国の地盤補強工法は補強壁土工法などの関連技術と交流して、さまざまな局面に対応することができるように改良されたと考えられる。

Ⅴ. おわりに

漢城百済博物館には、風納土城の城壁の断面が展示されている。来館者は1500年以上の時空をこえて、漢城百済時代の象徴的な土木遺産とその歴史性を肌で感じることができる。これからも城壁断面の新たな魅力を引き出し、来館者に感動と共感を持っていただくために、土木技術的研究を進めなければならない。

번역문

풍납토성의 보강토벽공법

小山田宏一(大阪府立狭山池博物館)

번역 : 이기성(한신대학교)

目 次

Ⅰ. 들어가며
Ⅱ. 부엽공법·보강토공법·하천공법·건축기술
Ⅲ. 풍납토성의 보강토벽공법
Ⅳ. 한국의 보강토공법과 풍납토성
Ⅴ. 맺음말

Ⅰ. 들어가며

풍납토성은 고고학적 방법으로 백제 건국의 역사적 환경을 해명하는데 있어 열쇠가 되는 토성으로, 특히 동아시아 정세와 풍납토성 출현기의 역사적 관계, 풍납토성 축조기술의 2가지 점에서 주목된다.

2012년 9월 21일에 개최된 한성백제문화제 국제학술회의 「동북아시아 속의 풍납토성」에서는 「일본고고학에서 보는 풍납토성」이라는 제목으로 동아시아 정세와 풍납토성의 출현, 풍납토성의 토목

143

기술을 다루었다. 「동아시아 정세와 풍납토성의 출현」에서는 풍납토성의 출현(백제국가형성기)을 3세기 후반 경으로 보고, 그 역사적 환경에 대해서는 거의 동시기에 출현한 야마토왕권(ヤマト王權) 탄생과의 비교 필요성을 주장하였다.

일본에서는 3세기 후반에 왕권의 성격이 크게 바뀐다. 히미코(卑彌呼)로 대표되는 야마타이코쿠시대(邪馬台國時代)는 중국 왕조와의 대외교섭의 성과를 내정으로 치환하여 왕권을 유지하였으나, 중국왕조의 정치적 구심력이 저하되기 시작하는 3세기 후반이 되면 중국 왕조의 권위에서 바뀌어, 지역왕권의 편성장치로 고분제식이 만들어지며 야마토왕권의 시대를 맞이하게 된다. 중국왕조가 쇠퇴하여 불안정해지는 동아시아 정세 속에서, 야마타이코쿠 단계에는 성격이 다른 광역 왕권이 탄생하는 것이다. 야마타이코쿠시대의 호케노분묘(ホケノ墳墓)는 낙랑한묘(樂浪漢墓)를 모방한 목곽묘로, 부장품에는 낙랑군의 상급 관료묘(정백리 3호)에도 부장될 정도로 격식이 높은 中國製畵紋帶神獸鏡이 확인된다. 그러나 야마토왕권의 시대가 되면 목곽묘는 수혈식석곽으로 바뀌고, 부장품은 유해를 보호하고 피장자의 재생을 바라는 宝器(呪具)로서, 재생의 상징인 西王母와 그 세계를 그린 三角緣神獸鏡과 고대 중국 옥의 개념에 착안을 얻은, 주술력을 가지고 있다고 여겨진 南海産 大形卷貝를 모델로 한 腕輪形宝器(鍬形石, 石釧, 車輪石)가 고안되었다.[1]

---

1) 小山田宏一, 1993, 「畵紋帶同向式神獸鏡とその日本への流入時期―鏡からみた「3世紀の歷史的枠組み」の予察―」, 『大阪府立弥生文化博物館研究報告』第2集.
小山田宏一, 1995, 「前期方後円墳の特徴―副葬品―」, 『季刊考古學』第52号.
小山田宏一, 2000, 「三世紀の鏡と「おおやまと古墳群」」, 伊達宗泰編, 『古代「おおやまと」を探る』, 學生社.

이러한 야마토왕권의 탄생은 동아시아사적으로 본다면 중국왕조의 정치적 영향력의 쇠퇴에 의해 다극화된 東夷의 각 나라에 있어서, 새로운 국가형성운동의 한 유형으로 볼 수 있다. 그러한 점에서 출현연대가 거의 동시기로 여겨지는 풍납토성의 출현배경에 대해서도 야마토왕권의 탄생을 촉진시킨 역사적 흐름을 가지고 검토할 여지가 있다고 생각하였다.

그런데 西晉에서 東晉으로 생각되었던 풍납토성 출토 시유토기의 제작연대가 東晉 中·後期에서 南朝 早期(4세기 후반~5세기 중엽)으로 올라갈 가능성이 제기되었다(漢城百濟國際會議, 王志高「試論 韓國 서울 風納土城的三つの問題」). 또한 2011년 실시된 조사의 현지설명회자료에 의하면 최종 단계까지의 축조공정은 제 1-4 단계로 구분되며, 기초 공사단계는 3세기 후반, 성벽의 초축과 증축은 4세기대 이후라는 AMS연대가 보고되었다[2].

앞으로 풍납토성의 축성연대는 한성백제기의 토기편년을 재검토하는 것과 함께 건설적인 논의가 기대된다. 현재 풍납토성의 조영연대에는 많은 과제가 있다. 야마토왕권의 탄생과 풍납토성 출현기의 역사적 틀을 비교하는 작업은 후일을 기약하고자 하며, 소고의 주제는 풍납토성의 성벽에서 확인되는, 천연재료를 부설하는 보강토공법에 초점을 맞추고자 한다. 한국과 일본에서 조사사례가 늘어난 보강토공법에 대한 비교 연구는, 성곽건축기술인 판축과 더불어 고대 동아시아 토목기술 교류사의 중요한 테마인 것이다.

---

[2] 國立文化財研究所, 2011, 『風納土城』, 2011年土城壁發掘調査現地說明會資料.

II. 부엽공법 · 보강토공법 · 하천공법 · 건축기술

1. 용어의 정리

한국과 일본에서는 풀(주로 禾本科)과 나무껍질, 나뭇가지 등의 천연재료를 부설하여 연약지반 또는 성토를 보강하는 공법을 부엽공법(敷葉工法)으로 부르는 경우가 많다. 원래 제방을 쌓는 공법의 일종으로 명명된 부엽공법[3]이 그 후 사례가 증가함에 따라 호안이나 둑 등의 하천구조물에 침식이나 吸出을 방지하기 위해 천연재료를 부설한 사례에 대해서도 적용된 것이다.

필자는 이러한 사태를 우려해 지반공학용어와 각종의 토구조물을 강화 · 안정 · 보호하는 지오텍스타일공법[4]을 참고해, 지반이나 성토를 보강하는 보강토공법(補强土工法, 突堤 · 土壘 · 池堤 · 道)과 침식으로부터 수리구조물을 보호하는 하천공법(河川工法, 水路堤 · 護岸 · 堰 · 堤 등)으로 대별하였다. 또한 종래의 제방 축조 부엽공법에 대해서는 나뭇가지 외 풀, 나무껍질, 통나무 등의 보강재가 있기 때문에 보강토공법이라는 지반공학용어로 개괄하는 편이 좋을 것이라고 생각된다[5].

『地盤工學用語辭典』[6]에서 보강토공법의 정의를 정리하면, 다음

---

3) 工樂善通, 1995, 「古代築堤における「敷葉工法」」, 『文化財論叢Ⅱ』.
4) 財団法人土木技術センタ, 2000, 「ジオテキスタイルを用いた補強土の設計 · 施工マニュアル(改訂版)」. 지오텍스타일은 보강토공법과 하천공법에 이용된 補强 · 保護材이다.
5) 小山田宏一, 2009, 「天然材料を用いた土構造物の補強と保護」, 『大阪府立狭山池博物館研究報告』6.
6) 地盤工學會編, 2006, 『地盤工學用語辭典』.

과 같다.

① 보강토공법이라는 것은 흙(方盛土·地山·地盤)에 흙보다 높은 강성, 고강도의 보강재를 부설 또는 삽입하여, 흙과 보강재의 상호작용에 의해 지반의 변형을 내부에서 구속하고 토괴 전체의 안정성과 강도를 높이는 공법으로, 성토내에 보강재를 배치해 성토나 옹벽을 구축하는 성토보강공법(盛土補强工法)과 지반의 지지력을 증가시키면서 수평 지반을 매립하거나 성토하는 지반보강공법(地盤補强工法)이 있다.

② 성토보강공법은 성토내에 인장보강기능과 배수기능을 가진 보강재를 부설하여 흙과의 상호작용으로 성토에 전단강과 인장강을 부여해, 성토의 안정성을 향상시키는 보강성토공법(補强盛土工法)과 성토내에 부설된 인장보강재의 저항력에 의해 방토구조물로서의 효과를 높이는 보강토벽공법(補强土壁工法)이 있다.

③ 보강성토공법 중, 서실품의 발생보를 성토새료에 이용하기 위해 배수기능을 가진 지오텍스타일을 고함수비(高含水比)의 성토내에 부설해, 성토내에 발생하는 過剩間隙水壓이 산란됨에 따라 밀도가 높아지고 이에 따라 흙의 절단강도가 증가하는 것에 의해 안정된 성토를 구축하는 공법을 배수보강공법(排水補强工法)이라고 부른다.

현재 보강재는 목제·동제 외에 배수·보강·분리기능이 있는 지오텍스타일(ジオテキスタイル, 섬유시트, 네트, 그리드 등의 제품)이 사용된다. 즉 풀이나 나뭇가지 등은 천연의 지오텍스타일인 것이다.

2. 鳥城里의 평가

나뭇가지, 풀, 목재를 부설해 기둥을 고정시킨 조성리[7](전라남도 보성)의 보(堰)는 기원전 1세기 - 기원후 1세기의 것으로, 한국에서 가장 오래된 부엽공법으로 이야기된다. 그러나 천연재료를 부설하는 목적은 침식으로부터 보를 보호하는 것으로, 조성리의 사례는 하천공법에 해당된다(그림 1).

수리구조물의 하천공법은 나뭇가지와 풀 등의 천연재료를 사용한다는 점에서는 동일하지만 제방의 보강토공법과는 부설목적이 다르기 때문에, 그 기술계보는 구분하여 정리해야 한다.

3. 安豊塘의 평가

조성리와 관련하여 중국 安徽省의 安豊塘(芍陂)에 대해서도 신중한 접근이 필요하다. 安豊塘은 戰國時代에 창건되었는데 원래는 수해방지의 유수지였으며 後漢建初8(83)年, 廬江太守 王景에 의한 개수 이후 본격적인 저수지가 된다[8].

1959년 王景의 개수 장소가 발굴조사되었다[9]. 그 결과 王景은 제방을 개삭하여 壩(水門)을 설치한 후 다시 쌓은 것을 알 수 있었다. 제방은 砂殭石(砂礫)의 기초 위에 풀과 점토를 교대로 쌓아 올려

---

[7] 高卿珍, 2011, 「韓國の水利施設」, 大韓文化遺産研究センタ 編, 『古代東北アジアの水利と祭祀』.

[8] 村松弘一, 2001, 「中國古代淮南の都市と環境―壽春と芍陂―」, 『中國水利史研究』 第29号.

[9] 殷滌非, 「安徽省壽縣安豊塘發現漢代閘壩工程遺址」, 『文物』, 1960年1期.

풍납토성의 보강토벽공법

〈그림 1〉 조성리유적 보(堰)

생토까지 보강기둥을 박아 넣은 구조이다. 점토는 회흑색으로 단단하며 석회를 섞은 개량토일 가능성이 있다. 이러한 安豊塘의 散草法은 제방축조의 보강공법으로 소개되는 경우가 많았다. 그러나 王景은 수리학에 밝으며 하천구조물인 堰의 공사를 전문으로 하는 유능한 관리로[10], 성토중에 천연재료를 부설한 이유는 수위의 변동과 유수에 의한 침식 등으로부터 수문 부근의 제방을 보호하기 위한 것으로 생각된다. 즉 王景의 제방축조는 하천공사법으로 분류되는 것이다.

---

10) 『後漢書』, 列伝 · 循吏列伝 第66王景.

149

4. 安豊塘과 樓蘭故城

잘 알려져 있듯이 敦煌 서쪽 漢代의 長城(그림 2, 3)은 판축층 또는 햇볕에 말린 벽돌층과 관목, 갈대의 부설층을 교대로 쌓은 견고한 구조로, 安豊塘과 공통되는 점이 많다. 伊藤敏雄의 보고[11]에 의하면 樓蘭故城의 서남 약 50km에 있는 LK유적에는 판축층과 관목, 호양목 가지를 교대로 쌓아올려 만든 성벽의 정상부에 安豊塘과 유사한 강화봉이 있다. 또한 LK유적의 서북에 있는 LL유적의 성벽 정상부에도 2열의 강화봉(직경 10-20cm)을 확인할 수 있다. 강화봉은 벽체의 안정성을 증가시키는 구조재이다.

安豊塘과 長城의 유사점을 살펴보았다. 이 유사점은 우연의 일치가 아니며 長城의 건축기술이 安豊塘의 개수공사에 응용된 결과로 보는 것이 타당할 것이다. 하천공법은 관련분야와의 기술교류를 통해 기술체계가 형성되었던 것이다.

5. 일본하천공법

참고로 일본 하천공법의 사례를 두 가지 제시하겠다. 愛知縣 室遺跡은 자연제방을 개삭해 홈통(樋管)을 설치한 후 다시 묻어 나뭇가지와 풀을 적어도 12층 이상에 걸쳐 깔아 놓은 후 天端에서 부설층을 구속하는 기둥을 박아 넣은 것으로, 8·9세기경의 것이다[12].

---

11) 伊藤敏雄, 1993, 「近年の樓蘭調査と周辺の遺跡」, 『歷史硏究』第30号(大阪敎育大學).
12) 財團法人愛知縣埋藏文化財センタ, 1994, 『室遺跡』.

〈그림 2〉 漢代 長城

〈그림 3〉 漢代 狼煙台

岡山縣 百間川米田遺跡의 제방은 전장 3m가 넘는 나무기둥을 다수 박아 넣은 후 가지로 묶고(木柵), 법면의 표면에는 풀로 짠 것과 나뭇가지의 부설층을 교차로 쌓았으며(그림 4, 5), 10세기 후반의 것이다[13]. 전부 유수의 침식으로부터 하천구조물을 보호하고 성토의 유출과 붕괴를 방지하기 위해 천연재료를 부설하였다.

III. 풍납토성의 보강토벽공법

1. 보강토벽공법

1999년 조사[14] A지점 V토루에서 천연재료를 부설한 보강토공법이 확인되었다. 성토 공법의 특징은 ① 점성토와 교대로 두드린 나뭇잎·나무껍질·볏짚의 부설층이 12 층이 있다는 점(그림 6), ② 계단상으로 상하에 각재를 결구한 5단의 木組를 병용하고 있다는 점(그림 7), ③ 각재열은 성벽의 주축에 직교해서 8열이 있으며, 성토내에서 입체구조를 이루는 점, ④ 木組는 성토가 진행됨에 따라 순차적으로 구축되었다는 점, ⑤ 벽체의 끝 부분에 기둥을 타설했다는 점 등이 있는데, 성토내의 木組는 성토의 변형을 구속해 안정성을 높이는 구조재이며, 벽체단부의 기둥열은 토압과 수압에 의한 성토의 팽창에 대한 방토의 기둥이 된다.

---

13) 岡山縣教育委員會, 2002, 『百間川米田遺跡4』.
14) 國立文化財研究所, 2002, 『風納土城 II』.

풍납토성의 보강토벽공법

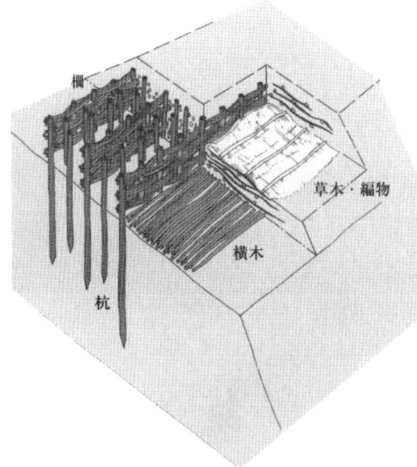

〈그림 4〉 百間川米田遺蹟 제방

〈그림 5〉 百間川米田遺蹟 제방/부설재

〈그림 6〉 풍납토성 木組와 부설층

〈그림 7〉 풍납토성 木組

이러한 성토구조의 V토루는 성벽 증축의 최종단계로, 성 내측의 석축방토벽 VI토루와 일련의 공사이며 보강토공법 중 보강토벽공법에 해당된다. 다만, A지점 V토루에 대응하는 B지점 V토루, 2011년 조사 제4단계 성벽[15]은, 선행하는 판축벽체에 비교해 조금 조악한 점성토로 축토하는 것이 기본으로, A지점 V토루의 보강토벽공법은 예외적인 존재라고 할 수 있다. 흙을 쌓는 중에 벽체가 무너져 긴급하게 보수한 결과일 것이다.

2. 기초부의 흑색유기질층

보강토공법과 관련하여 자연제방을 정지, 조성한 기초부에서 확인된 흑색유기질층에 주목하고자 한다. 2011년의 조사에서도 확인되었는데, 흑색유기질층에 대해 현지설명회자료에서는 천연재료의 부설층으로 볼 적극적인 근거는 적다고 한다. 필자의 관찰 소견 역시 동일하며[16], 거대한 판축벽체를 지지하는 기초부의 토층으로, 단순한 유기질층이 아니라는 것은 명확하다.

현상적으로는 석회를 섞은 토질개량 외에, ① 실험에서 밝혀진 것처럼[17], 토질을 개선·보강하기 위해 혼합된 탄화물이 다지는 단

---

15) 前揭注 2
16) 2011년 11월 28일에 방문하였다. 조사담당자인 이성준씨(國立文化財研究所)에게 감사드린다.
17) 黒木啓一朗·落合英俊·安福規之·大嶺聖·小林泰三·塩崎增仁, 2005, 「刈草炭化物の混合による火山灰質粘性土のトラフィカビリティ―改善効果」, 『第6回環境地盤工學シンポジウム發表論文集』. 탄화물은 극히 다공질의 구조로 흡수력이 뛰어나며, 고함수비의 점토나 화산재질점토에 혼합하면 흙속의 수분을 흡수하여 흙의 성질을 개선한다.

계에서 파쇄, ② 식물섬유를 혼합해 흙을 보강(단섬유혼합보강), ③ 흙을 단단히 하기 위해 식물기름[18]나 찹쌀물[19] 등의 혼합 등을 상정할 수 있다. 풍납토성 외에도 흑색유기질층이 확인되는 사례는 많으며, 지속적인 분석이 필요하다.

3. 일본의 흑색유기질 블록

단섬유혼합보강과 관련해, 大阪府 堺市 百舌鳥大塚山古墳·大阪府 藤井寺市 津堂城山古墳外堤·大阪府 高槻市 今城塚古墳의 성토와 大阪府 大阪狹山市 狹山池의 제방 등에서 확인된 검은색 블록을 소개하고자 한다. 百舌鳥大塚山古墳[20]·津堂城山古墳[21]·狹山池[22]에서는 블록토와 그 채취지점으로 추정되는 주변의 토양에 대해 화분분석을 실시한 결과 인장력이 있는 뿌리대(ネザザ節)가 검출되었다. 또한 狹山池의 제방 사면을 보호하는 흙주머니의 흙은 나무껍질을 섞은 것이다.

---

18) R.P.ホムメル(國分直一 譯), 1992, 『中國手工業誌』, 法政大學出版局. 中國 浙江省에는 흙이 뭉쳐지는 힘이 없는 경우, Dryandra cordata(落葉高木, 中國名 : 油桐, 日本名 : オオアブラギ)에서 짜낸 기름을 섞는다.
19) 鬼塚克忠·陸江·唐曉武·甲斐大祐, 2002, 「中國における古代の版築技術について」, 『土と基礎』50-5. 고대 중국의 판축은 다양한 재료를 섞는데, 秦代의 長城에는 찹쌀을 삶은 물을 섞는다고 한다.
20) 堺市敎育委員會, 1989, 『堺市文化財調査報告第40集』.
21) 藤井寺市敎育委員會, 2003, 『石川流域遺跡群發掘調査報告 XVIII』.
22) 外山秀一, 1999, 「プラント·オパールからみた狹山池の堤体堆積物」, 『狹山池 論考編』. 616年 築造의 초기 제방 기초부는 나뭇가지의 부설층이 있는 블록토로 쌓았다.

Ⅳ. 한국의 보강토공법과 풍납토성

1. 한국 보강토공법의 개관

필자의 좁은 식견에 의하면 16사례가 확인된다(표 1)[23]. 토구조물의 종류는 토성(풍납토성[24], 봉황토성[25]), 산성(설봉산성, 성산산성[26]), 부여 나성의 성벽[27], 제방상 유구(봉황동[28]), 방조제(벽골제[29]), 범람수의 침입을 막는 방수제(가야리[30]), 연못의 제방(약사동[31], 공

---

23) 유구와 연대 등의 사실관계에 대해 오류가 있는 경우는 모두 필자의 책임이다.
24) 前揭注 2·14
25) (社)慶南考古學硏究所, 2005, 『鳳凰土城』.
26) 李晟準, 2009, 「咸安城山山城發掘調査の意義」, 『大阪府立狹山池博物館硏究報告』 6.
27) 尹武炳, 2003, 「91·93年度扶餘羅城發掘調査報告書」, 『扶餘羅城』國立扶餘博物館.
    朴淳發(山本隆文 譯), 2000, 「百濟泗沘都城の羅城構造について」, 『古文化談叢』 第45集.
    忠南大學校百濟硏究所, 2003, 『泗沘都城』.
28) (財)慶南考古學硏究所, 2007, 『金海鳳凰洞遺跡』.
    蘇培慶(平群達哉 譯), 2011, 「金海鳳凰洞遺跡の堤防狀遺構」, 『大阪府立狹山池博物館硏究報告』 7.
29) 尹武炳, 1992, 「金堤碧骨堤發掘調査報告」, 『百濟考古學硏究』學硏文化社.
    尹武炳(堀田啓一·林日佐子 譯), 1997, 「金堤碧骨堤發掘調査報告」, 『古代學硏究』 第139号.
30) (財)우리文化財硏究院, 2010, 『咸安伽倻里堤防遺蹟』.
    權純康, 2011, 「咸安伽倻里堤防遺蹟」, 『古代東北アジアの水利と祭祀』 (財)大韓文化遺産硏究센타.
31) (財)우리文化財硏究院, 2010, 『蔚山藥泗洞堤防遺蹟』(現地說明會資料).
    李保京, 2011, 「蔚山藥泗洞堤防遺蹟」, 『古代東北アジアの水利と祭祀』 (財)大韓文化遺産硏究센타.
    李保京, 2011, 「蔚山藥泗洞堤防遺蹟」, 中國水利硏究會, 2011年度大會資料集.
    연대는 水利史硏究會發表資料에 의한다.

검지32), 의림지33), 위량지34), 합덕제35), 도로(부여 나성 동문 부근36))
이 있다. 호루고루37)에서는 건물의 기초공사가 확인된다.

　자연제방을 지반으로 하는 풍납토성, 건물의 기초공사인 호루고루를 제외하면, 산간부의 河谷(성산산성·설봉산성·약사동·공검지·의림지·위량지), 구릉 사이의 저지(가야리), 임해부 저습지(벽골제·봉황토성·봉황동·합덕제), 충적저지(부여동나성) 등 모래, 부드러운 사질토, 간격비가 큰 유기질과 미세한 모래, 실트로 구성된 연약지반상의 토구조물로, 그 공법은 지반보강공법이 된다38). 보강재는 풀, 나무껍질, 나뭇잎, 나무조각(목간), 나뭇가지, 통나무 등이다. 5세기기 되면 인장력이 있어 나뭇가지의 간격이 네트나 그리드처럼 흙을 구속하는 나뭇가지가 중심적인 재료가 된다.

---

32) (財)慶尙北道文化財硏究院, 2011, 『尙州恭儉池復元整備事業敷地內文化財發掘調査中間結果略報告書』.
尙州市·慶尙北道文化財硏究院, 2011, 『尙州恭儉池歷史性の再照明』, 國際學術大會資料集.
초축연대는 朴元圭他「尙州恭儉池出土木材の年代測定および年輪分析」에 의한다.
33) 忠北大學中原文化硏究所·韓國第4紀學會·堤川市, 2009, 『義林池の誕生背景とその歷史性』, 國際學術會議資料集.
초축연대는 成正鏞, 「古代水利施設の發展過程からみた義林池の特徵と意義」에 의한다.
34) (財)慶南文化財硏究院, 2012, 『密陽位良池水利施設改良修復事業區畫內文化遺跡發掘調査結果略報告』.
35) 忠南大學校博物館, 2002, 『唐津合德堤』.
36) 前揭注 27. 朴淳發(山本隆文 譯), 「百濟泗沘都城の羅城構造について」, 忠南大學校百濟硏究所, 『泗沘都城』.
37) 韓國土地公社韓國土地博物館, 2009, 『漣川瓠蘆古壘』.
38) 부설층이 면적으로 넓혀져 시공장소가 한정되는 가야리제방은 보강토벽공법일 가능성이 있다. 나뭇가지가 기초부부터 제방 본체까지 부설되어 있는 약사동은 보강성토공업을 겸하고 있다.

풍납토성의 보강토벽공법

〈표 1〉 한국의 보강토공법

1	風納土城	서울特別市	百濟	城壁	4・5世紀	*○●■	補強盛土工法(補強土壁)
2	雪峰山城	京畿道利川	百濟?	城壁	漢城百濟期?	■●	地盤補強工法
3	鳳凰土城	慶尙南道金海	伽耶	城壁	5世紀後半	■□	地盤補強工法
4	扶餘東羅城	忠淸南道扶餘	百濟	城壁(扶餘博2003)	6世紀	■	地盤補強工法
5	扶餘東羅城	忠淸南道扶餘	百濟	城壁(忠南大2003)	6世紀	■	地盤補強工法
6	城山山城	慶尙南道咸安	新羅	城壁	6世紀中頃	●○▲	地盤補強工法
7	瓢蘆古壘	京畿道漣川	高句麗	地下式壁体 建物基礎	6世紀中頃~	●□	地盤補強工法
8	碧骨堤	全羅北道金堤	百濟	防潮堤	4世紀(調査中)	●	地盤補強工法
9	鳳凰洞	慶尙南道金海	伽耶	堤防狀遺構(土壘?)	5世紀後半	■△□	地盤補強工法
10	伽倻里	慶尙南道咸安	伽耶	防水堤	5・6世紀	■●	補強盛土工法(補強土壁)
11	薬泗洞	蔚山広域市	新羅	池堤	6・7世紀	■	地盤補強工法・補強盛土工法
12	恭儉池	慶尙北道尙州	新羅	池堤	7世紀後半	■	地盤補強工法
13	義林池	忠淸北道堤川	新羅・高句麗	池堤	7~10世紀	□	地盤補強工法
14	位良池	慶尙南道密陽		池堤	朝鮮時代?	■	地盤補強工法
15	合德堤	忠淸北道唐津		池堤	18・19世紀	■	地盤補強工法
16	扶餘東羅城	忠淸南道扶餘	百濟	道(忠南人2003)	6世紀	■	地盤補強工法

△ 동목(胴木) ● 풀 ○ 나무껍질 * 나뭇잎 ▲ 나무조각 ■ 나뭇가지 □ 통나무・각재(角材)

    고함수비의 초연약지반으로 추정되는 공검지, 의림지나 니질토가 탁월한 봉황동・봉황토성은 나뭇가지의 부설과 통나무를 사용한 각종 공법이 병용되었다. 공검지는 나뭇가지 부설층의 하층에 최대직경이 20-30cm의 통나무와 잡목을 빈틈없이 깔아 놓은 부설공법이, 봉황동은 패각과 패분을 섞은 개량토의 상면에 직경 20-25cm의 목재를 격자상으로 늘어놓은 봉목기초가 확인된다. 봉황토성은 성토 중심부에 나무기둥이 있다. 박힌 깊이는 불명으로, 그냥 설치된 것인지 지반을 단단히 하기 위한 목적으로 박아 넣은 것인지는 명확하게 판단하기 어렵지만 트렌치의 단면에 횡목 흔적이 있어 木組構造의 나무기둥으로 생각된다. 의림지는 통나무 木組를 심구조로 하는 성토이다. 다만 법면의 나뭇잎층은 성토의 보강재가 아니라 침식 대책의 부설재이다.

2. 한국보강토공법과 풍납토성

개관한 결과, 한국의 보강토공법은 연약지반의 보강토공법과 벽체의 안정을 위한 보강토벽공법으로 구분된다. 풍납토성은 고구려의 영향을 강하게 받은 것에 비해, 지반보강토공법의 초기 사례로 추정되는 벽골제는 江南에 기원을 두고 있는 방조제의 계보를 잇는 것이다. 보강토벽공법은 고구려에서, 연약지반의 지반보강토공법은 江南방면에서 기술계보를 구하는 것이 타당할 것이다. 현상적으로는 보강재를 부설하는 보강토벽공법은 풍납토성에 한정된다. 그러나 의림지·봉황토성의 木組構造는 풍납토성의 보강벽토공법에 사용된 구조재공법의 영향을 받았을 가능성이 있다. 한국의 보강토공법은 지반보강공법 등의 관련기술과 교류하며 여러 상황에 대응할 수 있도록 개량되었다고 생각된다.

V. 맺음말

한성백제박물관에는 풍납토성의 성벽 단면이 전시되어 있다. 관람객은 1500년 이상의 시공을 넘어, 한성백제시대의 상징적인 토목유산과 그 역사성을 피부로 느낄 수 있다. 앞으로도 성벽단면의 새로운 매력을 찾아내어 관람객에게 감동과 공감을 얻을 수 있도록 토목기술적인 연구는 계속되어야 할 것이다.

한국고고학 연구에서 풍납토성의 가치

權五榮(한신대학교)

> 목 차
>
> Ⅰ. 머릿말
> Ⅱ. 고대국가 형성 시점에 대한 논란
> Ⅲ. 백제 왕성 위치 문제와 도성제
> Ⅳ. 삼국시대 고고학의 연대 결정
> Ⅴ. 백제 귀족 문화와 생활상
> Ⅵ. 동북아시아 대외교섭의 실상
> Ⅶ. 토목과 건축기술
> Ⅷ. 맺음말 - 앞으로의 과제

Ⅰ. 머리말

　1960년대의 초보적인 조사를 제외하면 본격적으로 풍납토성에 대한 발굴조사가 시작된 것은 1997년부터이다. 15년째로 접어드는 올해까지 풍납토성에 대한 조사가 연이어지면서 많은 자료가 확보되었고 이 유적이 지니고 있는 가치는 한국 고고학은 물론이고 삼국시대사, 중국 양진 및 남북조고고학, 일본 고분시대 연구에도 적

지 않은 영향을 미치고 있다.[1]

  이 글은 그동안 발굴조사된 자료를 기초로 이 유적의 조사를 계기로 새로 알게 된 사실들을 정리하고 앞으로의 조사 및 연구방향을 가늠하는 것을 목적으로 삼고 있다.

II. 고대국가 형성 시점에 대한 논란

1. 백제왕국의 출현 시기와 『삼국사기』 신빙 논쟁

1) 백제 건국연대 문제

  『삼국사기』에 의하면 온조가 백제를 건국한 시점은 기원전 18년에 해당된다. 그러나 이 연대는 아직 고고학적으로 입증되지 못한 상태이다. 이러한 상황은 신라와 가야도 마찬가지여서 현재 한국고고학계에서 기원전 1세기부터 기원후 3세기까지를 삼국시대가 아닌 원삼국시대라고 명명하는 것이 대세이다.

  백제의 경우는 삼한의 한 부분인 마한을 구성한 여러 정치체 중 현재의 서울 강남에서 성장한 伯濟國이 본격적인 고대 국가에 진입한 시점을 찾는 것이 과제이다. 문제는 고대국가 출현의 기준을 무

---

[1] 李亨求, 2000, 「風納土城 "百濟王城"에 관한 調査研究」, 『風納土城 "百濟王城"研究論文集』, 東洋考古學研究所.
    한밭大學校 鄕土文化硏究所, 2001, 『風納土城의 發掘과 그 成果』.
    서울역사박물관, 2002, 『風納土城 -잃어버린 왕도를 찾아서-』.
    경기도박물관, 2006, 『한성백제』.

한국고고학 연구에서 풍납토성의 가치

〈그림 1〉 복원된 석촌동 3호분

엇으로 삼을 것인가 하는 점인데 대형 고분(왕릉)의 능장과 왕성의 출현이 중요한 계기가 될 것이다.

하지만 1970년대 이후 강남지역의 급속한 개발로 인하여 송파구 석촌동, 가락동 일대의 고분군이 제대로 된 조사를 거치지 못하고 대부분 인멸되어 버렸다. 이로 인해 왕성의 출현시점이야말로 백제 국가의 등장을 보여줄 수 있는 유일한 희망이 되어버렸다. 따라서 풍납토성의 발굴조사에 많은 기대를 품게 되는 것이다.

2) AMS 연대를 둘러싼 논쟁

1997년 이후 풍납토성 내부의 현대리버빌 부지 및 동벽에 대한 조사가 진행되면서 자연과학적 방법에 의한 연대결정 작업이 이루어지게 되었다. 그 결과 풍납토성의 축조 연대 및 성 내부의 유구 연대가 시간적으로 상당히 소급된다는 주장이 대두되었다.

이러한 주장은 풍납토성의 축조시점이 기원 전후한 시점까지 올라갈 수 있다는 주장으로 확대되면서 백제의 건국연대는『삼국사기』백제본기 기사대로 기원전 18년이라는 주장으로 이어졌다. 나아가『삼국사기』신라본기를 비롯한 초기 기사에 회의를 품는 기존 학계의 분위기에 전면적인 재검토가 필요하다는 주장이 대두되기에 이르렀다. 풍납토성의 조사가 백제 초기사는 물론이고 전체 한국고대사의 패러다임을 바꿀 정도의 폭발력을 갖게 된 것이다.

하지만 분석 결과를 통하여 풍납토성의 축조연대가 기원전으로 소급된다는 주장은 많은 비판을 받게 되었다. 우선 전체적인 시료에 대한 해석이 아니라 자설에 유리한 몇몇 시료를 대상으로 논의가 이루어진 점, AMS 연대치가 의미하는 바에 대한 해석의 오류가 지적된 것이다. 나아가 분석 결과가 늘어나면서 풍납토성의 축조연대 및 내부 유구의 시기는 기원후 3세기 이후의 어느 시점으로 의견이 모아지고 있다.

Ⅲ. 백제 왕성 위치 문제와 도성제

1. 하남위례성과 한성

1) 하남위례성과 한성의 위치

백제 최초의 왕성인 하남위례성, 혹은 한성의 위치를 알기 위한 노력은 이미 오래전부터 이어져왔다. 고려시대에 편찬된 『삼국사기』와 『삼국유사』에서도 이미 이 문제를 해결하지 못하여 고민한 흔적이 보인다. 조선왕조 이후에도 미지의 상태였던 하남위례성과 한성의 위치에 대해 결정적인 의견이 표명된 것은 조선 후기였다. 다산 정약용은 백제 왕성의 위치를 하북위례성(강북)과 하남위례성(강남)으로 나누어 사고하였는데 종전 직산설, 익산설 등으로 나뉘어져 있던 혼란을 불식하고 한양 및 그 인근이 백제의 왕성임을 분명히 하였다.

20세기 이후 근대 역사학이 도입되면서 백제 왕성에 대한 관심은 구체적인 유적을 통하여 표출되었는데 이 과정에서 관심을 끈 유적은 몽촌토성과 풍납토성, 그리고 하남의 이성산성이었다. 왕성의 위치 및 천도과정에 대한 많은 논의를 거치면서도 결정적인 발굴성과가 없었기 때문에 추론의 한계를 넘지 못하였지만 1980년대 이후 상황이 변하였다. 몽촌토성에 대한 발굴조사가 이루어지고 이 과정에서 많은 유물이 출토되면서 이 성을 왕성으로 보는 견해가 강력히 대두된 것이다.

2) 풍납토성의 발굴과 왕성 논쟁의 종결

하지만 1997년부터는 상황이 변하였다. 몽촌토성 인근의 풍납토성에 대한 발굴조사가 진행되면서 이 성을 하남위례성으로 간주하는 견해가 힘을 얻게 된 것이다.

사실 이 성에 주목한 것은 일제강점기부터였다. 특히 1925년 을축년 대홍수로 인해 성벽의 일부가 무너지고 중요한 유물이 발견되면서 이 성의 중요성을 인지하게 된 것이다.

동북아시아 속의 풍납토성

〈그림 2〉 몽촌토성 전경

하지만 그 이후 추가조사는 진행되지 못하였고 1960년대에 접어들어 간단한 트렌치 조사가 이루어졌을 뿐 조사와 보호조치 없이 방치되기에 이르렀다. 결국 성 내외부 모두 주거밀집 지역으로 변하였고 1990년대부터는 고층 아파트 건설이 시작되었다.

1997년 1월 초, 성의 동남부에 해당되는 현대리버빌 부지의 터파기 공사 현장에서 선문대 이형구교수가 백제 문화층을 발견하게 되면서 상황은 급변하였다. 성 내부의 현 지표 아래 3-4m 지점에 백제 문화층이 온전히 살아있음이 확인되면서 내부에 대한 발굴조사가 시작된 것이다. 현대리버빌 부지만이 아니라 삼화연립부지에 대한 발굴조사가 시작되었다.

1999년에는 동벽에 대한 절개조사가 이루어지면서 이 성벽의 기저부 폭이 40m 이상, 높이 12m 이상, 길이 3,500m 이상임을 확인하게 되면서 백제 왕성 논쟁은 종지부를 찍게 되었다. 이렇게 대규모의 노동력을 쏟아 부은 거대한 성은 왕성을 제외하면 생각할 수 없기 때문이다. 현재 풍납토성과 몽촌토성의 관계에 대해서는 전자가 평상시 왕의 거성, 후자는 비상시의 산성 역할을 했던 것으로 정리되었다.[2]

2. 도성제

풍납토성의 발굴성과가 축적되면서 백제 도성제에 대한 관심이 높아졌다.[3] 한성기에는 사비기와 같은 정연한 도성제는 아직 등장하지 않은 것으로 판단되지만 풍납토성 내부에서 발견된 각종 유구 및 유물은 왕성의 내부 양상을 엿볼 수 있는 귀한 자료이다.

1) 왕성의 내부 구획

풍납토성 내부의 조사과정에서 공간분할의 양상을 추정할 수 있는 증거가 확보되었다. 성 내부의 서쪽 부분에 해당되는 미래마을 부지에서는 자갈로 포장한 도로면과 側溝를 갖춘 도로가 확인되었으며 인접한 경당지구에서 발견된 도랑 역시 도로의 측구일 가능성이 제기되면서 성의 남북 중축선과 평행, 직교하는 도로의 존재가 상정되기에 이르렀다.

이 도로와 동벽에 현재도 남아 있는 2~3개의 문이 연결된 도로

---

2) 申熙權, 2010, 「百濟 漢城時代 都城制度에 관한 一考察 -兩宮城制度를 中心으로-」, 『鄕土서울』 76, 서울特別市史編纂委員會.
3) 박순발, 2009, 『백제의 도성』, 충남대학교출판부.

망을 복원할 수 있으며 궁궐 등 중요 시설은 성의 북반부에 위치한 것으로 추정되고 있다. 구체적으로는 동남부(현대리버빌 부지)는 주거 밀집구역, 중앙부(경당지구 부지)는 종교 및 제의관련 유구 밀집지역, 서편의 미래마을부지는 도로 및 창고, 대형건물 집중구역으로 인식되고 있다.[4]

2) 왕궁

왕궁의 위치 및 그 구조는 아직 확인되지 못하였다. 다만 초석 건물지일 가능성을 확인할 수 있었다. 그 까닭은 미래마을에서 초석건물지와 함께 약 5,000점이 넘는 기와가 일시에 폐기된 기와무지가 확인되었기 때문이다. 그 위치는 경당지구의 북편 어느 곳일 가능성이 점쳐지고 있다.

3) 관청

미래마을부지에서는 도로 및 각종 저장시설과 함께 대형 건물지가 발견되었다. 도로는 성외와 성내를 연결하는 기능을 가졌을 것으로 보이며 저장시설은 이 도로망을 통해 반입, 반출되는 물품을 보관하던 기능을 한 것으로 보인다. 그렇다면 대형 건물의 기능은 물류와 관련된 것으로 보인다.

4) 종교시설

---

[4] 신희권, 2007, 「風納土城의 都城構造 硏究」, 『風納土城, 500년 백제왕도의 비전과 과제』, 국립문화재연구소 국제학술대회.

〈그림 3〉 미래마을 부지 발견 도로

풍납토성 내부에서 종교관련 시설이 밀집한 곳은 경당지구이다. 44호 유구는 동서 16m, 남북 18m 이상의 주실에 출입시설이 딸려서 평면 呂字形을 이룬 특이한 구조로서 외곽에는 도랑을 파고 내부에 고운 목탄을 채워 안팎을 엄격히 구분하고 출입을 극도로 통제한 점에 특징이 있다. 내부에서는 심한 화재로 변형된 토기 완 1점이 발견될 뿐 전혀 유물이 출토되지 않았는데 이는 청결 유지를 위해 청소가 반복적으로 행하여졌기 때문이다. 이상의 내용은 종교 건축물의 특징을 보여준다.

인접한 101호 유구는 44호와 공존하였거나 약간 선행한 일종의 폐기장인데, 각종 제의에 희생으로 사용된 동물의 뼈와 제기류가

〈그림 4〉 경당지구 44호 건물지

다수 발견되었다.

44호와 101호 유구가 한성 1기에 속하는데 비하여 9호 유구는 한성 2기에 속하는 대형 수혈이다. 길이가 13.25m에 달하며 내부에서 1,000점 이상의 소형 제기류가 인위적으로 훼손된 상태로 발견되었으며, 10여 개체분의 소와 말 머리, "大夫"와 "井"자가 선각된 직구단경호, 운모와 탄정 등이 발견되었다.

5) 공방

풍납토성 내부에서 본격적으로 토기를 굽던 가마는 발견된 바 없으나 경당지구에서는 토기 태토를 저장하던 수혈, 토제 유리범, 철제 단조박편, 청동기와 유리 슬랙, 금(동)제품을 만들면서 나온 부스러기, 주조괭이 거푸집과 범심, 송풍관 등 각종 생산에 관련된 유물이 출토되었다. 따라서 아직 확인되지는 않았지만 성 내부 어딘가에 수공업 공방이 존재하였을 가능성이 매우 높다.

IV. 삼국시대 고고학의 연대 결정

풍납토성에서 발견된 수많은 유물은 한성기 백제고고학은 물론이고 삼국시대 고고학, 나아가 동북아시아 고고학의 연대 문제에도 중요한 기준을 제공해준다.

1. 백제토기 연대에 대한 재인식

한성기 백제 토기에 대한 편년안이 마련된 것은 몽촌토성 출토품을 대상으로 작업한 박순발의 연구부터이다.[5] 그 대강은 한성기 백제 중앙(한성)양식 토기를 1기와 2기로 구분하고 각각 3세기 후반~4세기 중반, 4세기 중반~475년이란 연대를 부여한 점이다. 다만 몽촌토성 출토품은 일괄 출토품이 드물고 층위적인 근거가 부족하다는 근본적인 한계를 안고 있었기 때문에 풍납토성 조사 성과에 의해 보완, 수정될 부분이 적지 않았다.

우선 한성 1기와 2기의 구분 문제이다. 종전 연구에서는 고배·삼족기·꼭지달린 뚜껑(有鈕式蓋) 등은 한성 1기부터 존재한 것으로

---

5) 朴淳發, 2001, 『漢城百濟의 誕生』, 서경문화사.
　朴淳發, 2006, 『백제토기 탐구』, 주류성.

〈그림 5〉 경당지구 9호 유구 출토 직구유견반형호

간주되었지만 풍납토성 발굴조사 결과 그 출현시점이 내려올 가능성이 높아졌다. 출현기 백제토기의 양상은 고배, 삼족기, 꼭지달린 뚜껑의 부재, 직구호와 대형 호, 꼭지 없는 뚜껑의 출현, 유문타날의 장란형토기와 심발형토기의 성행 등으로 정리될 수 있을 것이다.[6]

아울러 한성백제 토기의 등장은 3세기의 어느 시점에 여러 기종이 완성된 형태로 동시에 출현한 것이 아니라 기종별로 출현시점에 차이를 지니면서 순차적으로 등장하였음이 밝혀졌다.

한성 2기의 토기상을 압축적으로 보여주는 것은 경당 9호 유구이다. 특히 흑색 마연된 대형 뚜껑, 直口有肩盤形壺라고 불린 특이한 형태의 토기, 다량의 고배와 삼족기, 치밀하게 마연한 회색의 직구단경호 등이 대표적인 기종이다. 그 중 소형 제기류와 洗 등의 특수토기는 중국의 銅器, 陶器, 磁器에서 기원한 것으로 여겨진다.

---

6) 韓志仙, 2005,「百濟土器 成立期 樣相에 대한 檢討」,『百濟硏究』41, 忠南大 百濟硏究所.

한국고고학 연구에서 풍납토성의 가치

〈그림 6〉 경당지구 196호 유구 출토 시유도기

2. 중국산 도자기와 연대 결정

1) 시유, 전문도기 발견의 의미

시유도기는 유약을 발랐지만 소성온도가 자기의 수준에까지는 이르지 못하여 벽심이 푸석거리는 상태의 도기를 말한다. 그 중 일부에는 동전 무늬가 외면에 압날된 경우가 있는데 이를 전문도기라고 부른다.[7] 백제유적에서 출토된 중국제 전문도기를 최초로 인식하게 된 계기는 몽촌토성 발굴조사였다. 그 후 홍성 신금성에서도

---
7) 馮慧·賀云翺·路侃, 2005, 「南京新出土六朝錢紋陶瓷器標本研究」, 『東亞考古論壇』1.
　賀云翺·馮慧·李浩, 2005, 「東亞地區出土早期錢紋陶瓷器的研究」, 『東亞考古論壇』2.

〈그림 6〉 경당지구 출토 가야 토기

상당량이 출토되었는데 전문도기는 서진대에 강남지방을 중심으로 분포하였던 것으로 인식되었다. 따라서 백제가 최초로 교섭한 중국 왕조가 4세기 중엽 무렵 동진이라는 기존 통설의 오류를 수정할 수 있는 절호의 자료로 간주되면서 전문도기에 대한 연구가 활발히 진행되었다.

풍납토성 내부에서는 다수의 시유도기와 전문도기가 출토되었다. 특히 경당 196호 유구에서는 하나의 유구에서 다수의 시유도기, 전문도기가 백제토기와 공반되었다. 전문도기의 연대를 결정할 수 있다면 공반된 백제토기의 연대 역시 결정할 수 있다는 희망 속에서 많은 연구가 진행되고 있다.

2) 자기류 발견의 의미

주변의 고대 국가에 비해 백제에서는 유독 중국제 청자와 흑자가 많이 발견된다. 특히 지방의 수장묘에서는 덕청요에서 구운 것으로 추정되는 흑자, 월주요나 홍주요에서 구운 것으로 추정되는 청자류가 매우 자주 발견된다.

그런데 중국 자기류는 그 자체에 연대가 적혀 있거나 연대가 적힌 자료와 공반되는 경우가 매우 잦기 때문에 연대 결정이 비교적 용이한 편이다. 이런 까닭에 백제유적에서 발견될 경우 유구나 공반된 유물의 연대를 결정하는 데에 유용하게 이용될 수 있다.[8] 풍납토성에서도 다수의 중국 자기류가 발견되어 백제 유적, 유물의 연대 결정에 유용하게 사용되고 있다.

3. 가야 토기와 스에키 발견의 의미

풍납토성 발굴조사에서는 예상치 않게 수점의 가야 토기가 발견되었다. 대부분은 서부 경남과 관련된 것들인데 현행 가야 토기 편년안에 의하면 5세기 4/4분기~6세기 1/4분기로 편년된다. 즉 한성이 함락된 시기 이후에 해당된다.

그렇다면 백제가 웅진으로 천도한 이후에 한성지역으로 가야 토기가 반입되었던 셈이며 반입의 주체는 고구려가 되는 셈이다. 하지만 475년 한성 함락이란 역사적 사실은 존중되어야 한다. 웅진 천도 이후에 고구려가 점령한 지역에 가야 토기가 반입되었다고 보

---

8) 成正鏞, 2010, 「백제 관련 연대결정자료와 연대관」, 『湖西考古學』 22, 호서고고학회.

기는 어렵다. 오히려 가야 토기의 연대관을 수정하는 것이 합당할 것이다.

이 문제는 가야 토기로 그치는 것이 아니라 일본의 須惠器 연대관과도 연동된다. 몽촌토성에서는 스에키 개배편이 1점 발견된 적이 있는데[9] 역시 연구자에 따라 475년 이전으로 보는 견해와[10] 475년 이후로 보는 견해로[11] 나뉘어져 있는 상태이다. 풍납토성 출토 가야 토기와 마찬가지로 일본 스에키 반입의 주체는 고구려가 아닌 백제일 것이므로 그 연대 역시 475년 이전에 해당시키는 것이 합당하다.

이렇듯 풍납토성에서 발견된 가야 토기와 몽촌토성에서 발견된 스에키는 백제 고고학만이 아니라 가야 고고학, 일본 고고학과도 연결되는 것이다.

---

9) 木下亘, 2003, 「韓半島出土 須惠器(系) 土器에 대하여」, 『百濟研究』 37, 忠南大百濟研究所.
10) 권오영, 2007, 「한성백제의 시작과 끝」, 『한일 삼국·고분시대의 연대관(Ⅱ)』, 釜山大學校博物館·國立歷史民俗博物館.
　　成正鏞, 2010, 「백제 관련 연대결정자료와 연대관」, 『湖西考古學』 22, 호서고고학회.
11) 김일규, 2007, 「漢城期 百濟土器 編年 再考」, 『한성 백제의 역사와 문화』, 韓國古代學會.
　　金一圭, 2007, 「韓半島 中西部地域 三韓·三國時代 土器編年」, 『한일 삼국·고분시대의 연대관(Ⅱ)』, 釜山大學校博物館·國立歷史民俗博物館.

V. 백제 귀족 문화와 생활상

1. 선진적인 토기, 기와 사용

1) 다종다양한 토기

 풍납토성에서 발견된 백제 토기는 양적으로 매우 많을 뿐만 아니라 종류가 다양하다. 풍납토성과 몽촌토성 등 중앙에서 출토된 토기 기종을 지방의 유적에서 출토된 토기 기종과 비교하기 위해 만든 것이 〈표 1〉이다. 이 표를 보면 풍납토성과 몽촌토성에서 출토된 토기의 기종이 가장 많고 이곳에서 멀어질수록 수가 감소함을 알 수 있다.

 토기의 기종이 다양하다는 것은 이 토기가 출토된 유적의 기능과 위상이 남달랐음을 반영하며 이 토기들을 사용하던 주민들의 삶이 다채로웠음을 보여준다. 풍납토성에서 출토된 토기 기종이 다양한 배경에는 이곳에서 새로운 기종이 창출되었기 때문인데 그 계기는 중국제 동기와 자기, 칠기 등 용기류를 백제토기 신기종으로 전환시키려는 노력이었다.[12]

 표로는 표현되지 않았지만 풍납토성에서 발견된 토기류는 고난도의 토기 제작술이 발휘된 것들이 많아서 성형과 번조 기술에서 지방토기를 압도한다.

---

12) 李明燁, 2006, 「百濟土器 新器種의 出現과 中國陶磁器의 影響」, 『古文化』 67.

동북아시아 속의 풍납토성

〈표1〉 한성기 주요 유적 출토 토기기종 분포

	풍납토성	몽촌토성	미사리	용인수지	멱절산	주월리	자작리	용원리	신금성	법천리
삼족기	●	●	●	●	●	●			●	
고배	●	●	●	●	●	●			●	●
개배	●	●			●					●
파배	●	●						●		
완	●	●	●	●	●	●	●	●	●	●
뚜껑	●	●	●	●	●	●	●	●	●	●
이배형토기	●		●							
직구유견반형호	●	●	●		●					
세	●	●								
직구광견호	●								●	
직구단경호	●	●	●	●					●	●
광구단경호	●	●	●		●		●	●		
소호	●			●						
쌍호	●	●								
단경호	●	●	●	●	●	●	●	●	●	●
장동호	●	●			●	●	●	●		●
광구장경호	●	●		●				●	●	
대호	●	●							●	●
대옹	●	●							●	●
심발형토기	●	●	●		●		●	●		
장란형토기	●	●	●	●	●		●		●	
반	●	●	●		●				●	
동이	●	●	●	●	●	●	●		●	●
시루	●	●	●	●	●		●		●	
대부합	●									
대부호	●									
장군	●	●								
기대	●	●					●		●	
병형토기	●	●	●			●		●		●
기타	이중구연호				원통형토기					대부장경호, 대부완

2) 선진적인 와전 문화

풍납토성 내부에서는 6,000점이 넘는 다량의 기와가 출토되었다. 과거 한성기에는 기와가 존재하지 않는다는 극단론마저 있었지만 이제 한성기에 다량의 기와가 존재하였음은 의심의 여지가 없으며 경당 101호 유구의 출토유물을 볼 때 기와의 출현 시기는 3세기 대로 소급한다.[13]

그런데 한성기 백제 유적에서 기와가 출토되는 유적은 적지 않다. 중앙의 풍납토성, 몽촌토성, 석촌동고분군은 물론이고 지방의 취락에서도 종종 기와가 발견된다. 하지만 와당은 오로지 중앙에서만 출토되고 있다. 풍납토성에서 출토된 와당은 錢文, 動物文, 연화문 등 다양하다.

이밖에 (사)격자문이나 문자가 새겨진 전돌, 평면 팔각·십각·원형의 토제품은 지방에서는 볼 수 없고 풍납토성에서만 출토되는 특수한 유물이다. 이는 풍납토성 내부의 가옥 구소가 지방과는 확연히 다른 형태였기 때문이다.

2. 호사스런 귀족 생활

1) 식생활

경당 196호 유구는 길이 10.8m, 폭 5.8m 정도의 장방형 수혈로서 내부에서 33개체분의 중국제 시유(전문)도기와 74개체분의 백

---

13) 權五榮, 2003, 「漢城期 百濟 기와의 製作傳統과 發展의 劃期」, 『百濟研究』 38, 忠南大 百濟研究所.

〈그림 8〉 경당지구 196호 유구 전경

제토기가 발견되었다. 유구의 기능은 왕실 직속의 음식창고로 여겨진다. 그런데 내부에서 채집된 토양 속에서 복어와 도미의 뼈가 발견되었다. 중국제 시유도기나 전문도기에 들어 있었는지, 백제토기에 들어 있었는지, 아니면 양자 모두에 들어 있었는지 알 수 없으나 대형의 용기 내부에 뼈가 붙은 상태의 생선을 넣은 것은 회나 말려 먹는 방식이 아니라 발효시켜 먹었음을 보여준다.

3세기 말~4세기 초에 해당되는 경당 101호 유구에서는 소, 말, 멧돼지, 사슴, 곰 등의 뼈가, 5세기 대의 9호 유구에서는 소, 말, 멧돼지, 사슴, 곰, 닭의 뼈가 발견되었다. 인접한 미래마을 가-2호 수혈에서는 각종 어류와 닭, 자라, 말, 멧돼지, 소, 사슴의 뼈가 발견되었다.

〈그림 9〉 미래마을 부지 추정 정원시설

이처럼 다양한 동물 뼈가 발견된 것은 당시 식생활이 매우 다채로웠음을 보여주는 것이며 성 내부에 거주한 주민의 식생활 수준이 매우 높았음을 보여준다.

2) 정원 시설

미래마을 부지에서는 돌을 이용하여 물이 흐르게 만든 시설이 발견되었다. 익산 왕궁리유적에서 발견된 정원시설과 유사한 구조이므로 이 일대에 정원이 존재하였을 가능성을 보여준다.

3) 御井

경당 206호 유구는 동서 10.5m, 남북 10m의 평면을 깊이 3m 정도

〈그림 10〉 경당지구 206호 우물 출토 토기류

파내고 그 안에 사질토와 점토를 교대로 채워 넣으면서 우물을 만든 특이한 구조이다. 우물을 최종적으로 폐기할 때, 230점이 넘는 토기류를 5겹으로 층층이 포개 놓은 것이 확인되었다. 주변에서 발견된 자갈을 깔아 놓은 시설, 도랑도 우물의 일부로 보인다. 방형의 공간은 대형 건물의 기초로서 우물을 보호하는 건물이 존재하였던 것 같다.

이러한 점을 고려할 때 이 우물은 일상생활에 필요한 식수를 얻기 위한 용도가 아닌 특수한 우물로 추정된다. 일종의 어정이었을 가능성이 매우 높다.[14]

---

14) 권오영, 2009, 「서울 풍납토성 경당지구유적 – 200점의 토기를 매납한 백제 왕도(王都)의 어정(御井)」, 『2008 한국고고학저널』, 국립문화재연구소.

4) 종교사상

풍납토성에서 많은 양이 발견된 전문와당은 백제에서 제작한 것이다. 반면 전문도기는 중국에서 수입한 것이다. 이러한 차이가 있지만 양자는 동전무늬란 점에서 공통적이다. 당시 중국에서 전문은 도기와 자기, 전돌에 폭넓게 사용되었고 사천지방을 중심으로 나무에 동전이 주렁주렁 열린 모습을 형상화한 요전수가 유행하였다. 이러한 흐름은 錢神숭배로 표현되는데 백제 중앙에서 전문와당이 출현한 배경에는 이러한 중국의 종교사상이 있다.

한편 경당 9호 유구에서 출토된 직구단경호 2점은 동일한 형태와 동일한 크기로서 각기 "大夫"와 "井"이란 글자가 선각되어 있었다. 그 의미를 분명히 하기는 쉽지 않은데 풍납토성과 한강을 마주하고 있는 고구려의 아차산 보루에서 출토된 고구려 토기 중에는 표면에 "大夫井大夫井"이란 글자를 선각한 예가 있어서 비교된다. 양국의 토기 표면에 "大夫"와 "井"이란 글자가 함께 발견된 것은 우연이 아니며 그 공통성은 관직이 아니라 사상적인 측면과 연관될 것으로 보인다.

경당 9호 유구에서는 탄정, 운모와 복숭아씨도 발견되었는데 이러한 유물들은 모두 중국의 신선사상과 관련성이 깊다.

VI. 동북아시아 대외교섭의 실상

1. 외래계 유물의 인식

풍납토성에서는 백제 이외의 곳에서 만들어진 외래계 유물들이 다양하게 출토되었다. 다양한 외래계 유물의 존재는 풍납토성을 중심으로 전개되었던 대외교섭의 양상을 보여준다.

1) 낙랑 및 중국산 물품

풍납토성 삼화지구에서는 낙랑토기로 추정되는 백색토기 옹의 구연부편이 발견된 바 있으며 그밖에도 낙랑계 기술이 관찰되는 토기류가 종종 발견된다. 3세기 후반 이후의 중국제 시유도기와 전문도기, 그리고 청자와 흑자가 다량 출토되었음은 이미 앞에서 언급한 바 있다.

이밖에 1925년 을축년 대홍수 때에는 청동 초두와 진식대구의 한 부분인 심엽형 과판 1점이 발견되었다.[15] 미래마을 발굴조사에서는 청동제 鋪首가 출토되었다. 이렇듯 풍납토성에서는 중국산 토기, 도기, 자기류만이 아니라 금속제 유물도 출토되고 있다.

2) 가야산 물품

풍납토성에서 서부 경남, 혹은 소가야지역과 관련된 가야 토기가 출토됨은 앞에서 언급한 바 있다. 비록 단편적인 자료이지만 가야

---

15) 김태식, 2001, 『풍납토성』, 김영사.

한국고고학 연구에서 풍납토성의 가치

〈그림 11〉 경당지구 출토 고구려 토기

토기의 존재는 한성기 백제와 가야 일부지역이 교섭하였음을 보여 준다.16)

3) 고구려 물품

풍납토성에서는 비록 소량이지만 고구려 토기가 출토되고 있다. 니질에 가까운 태토와 낮은 소성도, 대상 파수와 격자모양의 암문 등 고구려 토기의 특징을 충실히 갖춘 이 토기들이 풍납토성에 반

---

16) 權伍榮, 2002,「風納土城出土 外來遺物에 대한 檢討」,『百濟研究』36, 忠南大 百濟研究所.
成正鏞, 2007,「漢江, 錦江流域의 嶺南地域系統 文物과 그 意味」,『百濟研究』 46, 忠南大 百濟研究所.

입된 시점이 한성 함락 이전인지 이후인지 문제가 되는데 일부 토기는 분명히 함락 이전으로 판단된다. 따라서 5세기 양국이 동북아시아의 패권을 놓고 숨 가쁜 힘겨루기를 하는 와중에도 고구려 토기가 백제 왕성에 들어왔음이 의미 있다.

4) 기타

이밖에도 미래마을 부지에서는 중국 요령성 西豊縣 西岔溝 분묘군에서 출토된 것과 동일한 형태의 은제이식이 출토되어 부여계 유물의 반입을 확인할 수 있으며, 경당지구에서는 일본 고분시대 무덤에 수립한 하니와(埴輪)가 소량이나마 확인된다.

따라서 풍납토성에 반입된 외래계 유물의 기원지는 매우 다양하고 그 범위가 넓음을 알 수 있다.

VII. 토목과 건축기술

1. 건축기술

풍납토성에서 발견된 수많은 유구 중에는 일반적인 수혈 주거지나 저장시설과는 다른 형태의 지상건물들이 섞여 있다.

1) 경당지구 44호 건물

평면 呂자형의 초대형 지상 건물지이다. 폭 5.2m, 잔존길이 6.2m 정도의 前室과 폭 16m, 길이 18m 이상의 後室이 나무다리로 연결

〈그림 12〉 중국의 우물과 건물

되고 후실은 도랑으로 감싸인 폐쇄적 구조이다. 후실을 감싼 도랑은 폭 1.6m 정도로서 내부에는 정선된 목탄이 가득 채워져 있었다. 후실의 외곽선에는 점토로 만든 담장이 있고 그 위에 판자를 세워서 벽체로 삼았으며 담장에 접하여 안쪽으로 3개의 기둥이 하나의 단위를 이루면서 지붕을 지탱하는 구조이다.

외형적인 특이함과 함께 축조 공정도 간단치 않다. 우선 고운 모래로 구성된 구지표면을 깊게 굴착하고 점성이 있는 흙을 채워 넣어서 건물의 기초로 삼는 되메우기 공법이 발휘되었다. 특히 도랑이 들어설 부분은 2회에 걸쳐 굴착과 메우기가 반복되었다. 후실의 바닥면에 점토를 바르고 불을 먹였으며 도괴된 벽체의 양상을 볼 때 점토와 짚을 함께 섞은 건축재를 이용하였음을 알 수 있다.

2) 경당지구 206호 우물

앞에서 이미 설명하였듯이 한변 10m 이상의 방형 기초부를 갖추었는데 이 기초부를 만드는 과정 역시 44호 건물지와 마찬가지로 연약지반을 제거하고 사질토와 사질점토를 번갈아 성토하여 지상건물의 하중을 지탱할 수 있도록 하였다.

우물이 밖에서 보이지 않도록 차폐하는 기능, 특히 우물에서 이루어지는 모종의 제의를 감추는 기능을 하는 건물의 존재를 상정할 수 있다.

3) 미래마을 건물지군

미래마을에서는 다양한 형태의 지상건물지가 발견되었다. 그 내용은 다음의 표와 같다.

〈표 2〉 미래마을 발견 건물지 [17]

연번	유구	규모 (동서폭×남북길이(m))	특징
1	다-4호 건물지	3.3×3.8	기단석, 구들시설, 문지도리석
2	라-1호 건물지	17.88×11.2	적심시설, 전면 8칸·측면 5칸, 주칸거리 동서 2.36m, 남북 2.24m
3	라-2호 건물지	18×13	적심시설, 남편에 도랑시설 내 통나무 시설, 전면 7칸·측면 4칸, 주칸거리 동서 2.36m, 남북 2.9m
4	마-1호 건물지	4.84×6.92	2차례 성토, 기단석, 적심토시설, 초석과 기둥시설, 전면 3칸·측면 2칸, 주칸거리 2.2m, 2.52m, 외부에서 수 천점 의 기와 출토
5	마-2호 건물지	14.4×18, 출입부 포함 남북길이 25	평면 呂자형, 성토, 적심시설

---

17) 소재윤, 2012, 「풍납토성 지상건물지에 대한 소개 및 성격 -풍납동 197번지 일대 발굴조사-」, 백제학회 정기발표회 자료집.

이러한 건물지의 존재로 인하여 한성기에 초석, 기단석, 적심시설을 갖춘 지상 건물지가 존재하였음이 분명해졌으며 마-1호 건물지의 예에서 보듯 수천 점의 기와를 올린 대형 건물지의 모습도 그려볼 수 있다.

2. 토목기술

1) 성벽 축조의 기술

풍납토성의 축조는 한반도에서 일찍이 볼 수 없었던 공전의 대토목공사였다. 『삼국지』 한조에는 官家(국가 권력?)가 성을 쌓을 때의 정황이 묘사되어 있다. 그 기사가 반영한 정확한 시점은 알 수 없지만 3세기 중-후반에 한반도 중남부지역에서 국가권력이 관여된 대규모 축성이 있었다면 그것은 풍납토성을 제외하고는 상상할 수 없다.

풍납토성의 축조 기술은 한성 1기에 축조된 인근의 봉존토성, 화성 길성리토성, 당진 성산리산성, 증평 이성산성 등과 비교할 때 기술적으로 훨씬 원숙한 면모를 풍긴다. 우선 판축기법의 발휘이다. 중국 중원의 판축과 약간의 차이가 있지만 나무를 이용하여 박스를 만들고 그 내부를 판축해나가면서 판축단위를 늘려나가는 기법은 기본적으로 동일하다. 반면 지방의 한성기 백제 토성은 나무 박스의 흔적은 보이지 않고 물성이 다른 흙을 교대로 쌓는 교호성토, 그리고 표토블록을 쌓는 방법 등에 그치고 있다.[18]

---

18) 권오영, 2011, 「고대 성토구조물의 성토방식과 재료에 대한 시론」, 『漢江考古』 5, 한강문화재연구원.

동북아시아 속의 풍납토성

〈그림 13〉 중국의 통만성

풍납토성에서 확인된 부엽공법은 연약지반에 거대 구조물을 세울 때 이용되는 기술로서 後漢代에 부엽공법이 발휘되어 보수된 중국의 安徽省 安豊塘을 제외하면 동북아시아에서는 가장 오래된 사례이다. 훗날 부여의 사비나성, 일본 구마마토(熊本)기구치죠(鞠智城), 후쿠오카(福岡)의 미즈키(水城), 오사카(大阪)의 사야마이케(狹山池)제방 등의 원형이 된다.

한편 『삼국사기』 개로왕조에 의하면 475년 한성 함락 이전 개로왕은 國人을 징발하여 "烝土築城"하고 궁실과 樓閣과 臺榭를 배치하여 화려하게 꾸몄다고 한다.[19] 증토축성의 실체가 문제가 되는데 이와 동일한 표현이 413년 준공된 大夏의 統萬城에서 보인다. 이 성에 대한 조사 결과 일반적인 판축기법에 석회를 더하는 새로운 공법으로 만들어졌음이 밝혀졌으며 황토와 석회를 혼합하고 물에 섞는 과정에서 생긴 발열반응을 烝土로 표현한 것으로 이해된다. 그렇다면 한성기 백제에서도 석회를 이용한 토목기술이 존재하였던 셈인데 몽촌토성에서 이와 관련된 것으로 추정되는 성벽 단면이 조사된 바 있다.[20] 하지만 아직 풍납토성에서는 석회의 사용 흔적이 확인되지 않았기 때문에 앞으로의 과제인 셈이다.

이밖에 2011년에 이루어진 동남벽의 발굴조사에서는[21] 안쪽의 보축 과정에서 점토괴(mud brick)를 차곡차곡 쌓아 올리는 공법도 확인된 바 있다. 이렇듯 풍납토성의 축조는 기술적으로나 역사적으로나 기념비적인 대사업임에 틀림없다.

2) 도로와 선착장

미래마을 부지에서 확인된 도로는 성 내부에 해당되지만 이곳이 서벽에 인접하였다는 점을 고려하면 성의 안팎을 연결하는 도로망이 존재하였을 가능성이 매우 높다. 따라서 앞으로 성 내부만이 아니라 외부에 대한 관심이 필요하다.

---

19) 『삼국사기』 권25 백제본기 제3 개로왕 21년조.
20) 沈光注, 2010, 「漢城百濟의 '烝土築城'에 대한 硏究」, 『鄕土서울』, 서울特別市史編纂委員會.
21) 국립문화재연구소, 2011, 「풍납토성 -2011년 동성벽 발굴조사 현장설명회-」
이성준, 2012, 「2011년 풍납토성 발굴조사 성과논의의 아젠다」, 백제학회 정기발표회 자료집.

동북아시아 속의 풍납토성

〈그림 14〉 한성백제박물관에 전시된 풍납토성과 주변 경관 모형

풍납토성이 침수의 위험성에도 불구하고 한강에 인접하여 축조된 이유 중의 하나는 물류의 편리성일 것이다. 이런 까닭에 성에 가까운 한강변 어딘가에 선착장 및 하역시설이 존재할 가능성이 매우 높지만 아직 확실한 예는 발견되지 않았다. 다만 오래전에 석촌동에서 우연히 발견된 이른바 "가옥잔구"라는 유구가 실은 가옥의 일부가 아니라 선착장의 일부일 가능성은 제기된 바 있는데[22] 앞으로 목적의식적인 조사가 필요한 단계이다.

---

22) 권오영, 2011, 「한성백제의 물류거점, 풍납토성의 면모」, 『중부지역의 고고문화와 역사』, 한신대학교출판부.

Ⅷ. 맺음말 - 앞으로의 과제

　1997년부터 장기간 지속된 풍납토성의 발굴조사를 통해 많은 자료가 출토되었고 새로운 사실을 알게 되었다. 풍납토성이 내포하고 있는 자료와 정보의 양, 그리고 그 학술적 의미는 이미 충분히 입증되었지만 아직 미해결 상태인 부분도 많다. 그 까닭은 그동안 이루어진 조사가 장기적인 계획 하의 목적의식적인 조사라고 보기 어렵기 때문이다. 도성제의 형성 및 성 내외의 공간활용 방식을 염두에 둔 조사가 필요한 단계에 접어들었다.

　아울러 앞으로의 조사는 풍납토성 내부만이 아니라 백제 왕성 한성의 경관을 복원하는 데에 초점이 모아져야 한다. 성 내부에 분포하는 도로망이 성 외부로 어떻게 이어지는지, 선착장은 어디에 있으며 도로와 어떻게 이어지는지를 추적하여야 한다. 최근 발굴조사가 진행되어 사방 도시의 경관을 고스란히 보여준 연기 나싱리유적이 좋은 예가 된다.[23]

　성 바깥에 광범위하게 존재하였을 경작유구, 민가, 토기와 기와 등의 생산시설에 대한 이해도 필요하다. 주변에 존재하는 몽촌토성, 석촌동고분군, 미사리취락과의 공간배치나 네트워크도 중요한 과제이다. 이러한 작업이 효과적으로 진행될 때 백제 왕성의 면모는 선명하게 그려질 것이며 풍납토성의 위상은 제대로 자리매김될 것이다.

---

23) 李弘鍾, 2012,「初期百濟交易據點都市の地形景觀」,『日韓集落の硏究 -彌生·古墳時代および無文土器~三國時代』, 日韓集落硏究會.

풍납토성의 관광자원 활용방안

신희권(문화재청 창덕궁관리소장)

목 차

Ⅰ. 문화유산 패러다임의 변화와 활용의 대두
Ⅱ. 문화유산 활용의 원칙과 문제점
Ⅲ. 풍납토성의 활용과 관광자원화 방안
Ⅳ. 풍납토성 보존 및 활용을 위한 제언

Ⅰ. 문화유산 패러다임의 변화와 활용의 대두

바야흐로 문화유산 활용의 시대가 도래하였다. 우리는 그동안 급속한 산업화의 개발 압력 아래 문화유산을 올바로 보존하는 것 자체가 역부족인 세월을 살아왔다. 즉 문화유산은 촌각을 다투는 개발사업의 발목을 잡는 심각한 장애요소로 인식되었고, 뜻하지 않게 발견된 매장문화재를 발굴하는 데 소요되는 비용과 시간적, 경제적 손실은 개발업자들로 하여금 문화유산이 더 이상 올바로 보호되고 후손에게 길이 물려주어야 할 소중한 자산이 아니라 어떻게 해서든

제거해야 할 걸림돌로밖에 치부되지 않았던 것이 사실이다.

그러나 경제적 발전과 문화적 욕구를 기반으로 문화유산에 대한 인식이 조금씩 달라지기 시작하였고, 1999년 3만m^2 이상의 개발 사업에 대한 문화재 조사가 의무화되면서 문화유산은 더 이상 피해갈 수 없는 보존의 일차대상으로 떠오르게 되었다. 그 과정에서 불가피하게 '개발과 보존'이라는 양립할 수 없는 모순의 정점에 서게 되는 과정을 겪기도 하였지만, 어느덧 문화유산의 보존은 너무나 당연한 진리처럼 받아들여지게 된 것이다.

오히려 요즘은 문화유산에 대한 보존을 넘어선 활용과 향유가 소위 국민 대다수의 시대적 요구와 사명으로 진화하기에 이르렀다. 이제 '보존'은 목표가 아닌 당위가 되었으며, '활용'이야말로 문화선진국으로의 진입을 가늠하는 잣대로서 우리 모두의 숙제가 되어 버렸다. '활용'이란 의미는 사전적으로는 '충분히 잘 이용함'이라고 정의되어 있는데, 이를 문화유산에 적용해 보면 대체로 '문화유산이 지니고 있는 가치를 살려서 사용자들로 하여금 제대로 이용하고 지속적으로 누리도록 함'이라는 정도로 풀이되지 않을까 싶다.

문화유산에 대한 개념과 인식은 확산 일로에 접어들고 있다. 실례로 각급 학교에서는 '내고장 문화재 알기'와 '현장 체험' 등과 같은 방법으로 문화유산을 교육하고 있으며, 상당수 기업에서도 '1문화재 1지킴이'와 같은 프로그램으로 문화유산의 보호와 관리에 앞장서고 있다. 개인과 가정, 단체를 막론하고 이제 문화유산을 찾아다니며 답사하거나 전시관 등을 관람하는 활동은 생활의 일부로 자리매김하였고, 그러한 프로그램을 지원하기 위한 문화유산 해설 등 봉사 활동도 기대 이상으로 활성화되고 있다. 이처럼 문화유산은 대다수 국민들에게 더 이상 '개발의 걸림돌'이 아니라 '고이 가꾸고 한껏 누려야 할 가치'로 통하게 된 것이다. 나아가 문화의 향유에 대한 일반의 욕구와 요구는 하루가 다르게 증대하고 있기에, 정부와 지자체 등 일선 관서에서 감당해야 할 과제는 발상의 전환과 그에 합당의 정책의 개발에 이르기까지 산적해 있다고 할 수 있다.

II. 문화유산 활용의 원칙과 문제점

1. 문화유산 활용의 원칙

문화유산 활용에 대한 권리는 보존의 당위성과 더불어 법적으로도 가장 우선적으로 보장하고 있다. 문화재보호법 제1조(목적)에는 "이 법은 문화재를 보존하여 민족문화를 계승하고, 이를 활용할 수 있도록 함으로써 국민의 문화적 향상을 도모함과 아울러 인류문화의 발전에 기여함을 목적으로 한다."라고 명시되어 있다. 다만, 이러한 활용은 제3조(문화재보호의 기본원칙)에 "문화재의 보존·관리 및 활용은 원형유지를 기본원칙으로 한다."라고 전제하고 있어, '원형유지'라는 절대 절명의 과제를 낳았다. 다시 말하면 아무리 좋은 취지의 활용이라 할지라도 원형유지가 보장되지 않는다면 활용하지 말아야 한다는 것과 일맥상통한다. 한편 문화재보호법 제48조(국가지정문화재의 공개 등) 제1항에서는 "국가지정문화재(중요무형문화재는 제외한다. 이하 이 조에서 같다)는 제2항에 따라 해당 문화재의 공개를 제한하는 경우 외에는 특별한 사유가 없으면 이를 공개하여야 한다."라고 공개의 의무를 강조하고 있다. 다만 이 경우 역시 "국가지정문화재의 보존과 훼손 방지를 위하여 필요하면 해당 문화재의 전부나 일부에 대하여 공개를 제한할 수 있다"라고 하여 무작정 공개에는 제한을 두고 있음을 알 수 있다.

이상에서 보듯이 모든 문화재는 원형이 훼손되지 않고 보존되는 한에서는 원칙적으로 그것을 활용하도록 보장하여야 하며, 필요에 따라 누구에게나 개방하여야 하는 대상이다. 그럼에도 불구하고 현실적으로 모든 문화유산을 전적으로 활용하고 개방하지 못하는 사유는 바로 '원형유지'라는 지난한 과제 때문이다. 이와 관련하여 이미 선진국에서는 오래 전부터 문화유산 활용의 원칙과 목적, 그리고 범위와 정도 등에 관한 논의가 이루어져 왔다. 대표적으로 오늘날 여러 국가에서 문화유산 보존의 원칙으로 준용하다시피 하고 있는 베니스 헌장(1964)에서는 "기념물의 보존은 사회적으로 유용한 목적으로 활용되는 것이 바람직하다"라고 하여 활용의 목적을 공적인 것에 국한하고 있다. 나아가 1981년 제정된 플로랑스 헌장에서는 "문화유산의 진정성 회복이 공익적 활용보다 우선되어야 하고, 진정성은 어떠한 경우에도 협상이 이루어져서는 안 된다"라고 하여 문화유산의 활용보다는 그 자체가 지니는 진정성을 강조하고 있다. 이와 비슷한 입장에서 1999년 호주에서 제정된 버라 헌장(1999)의 보존 원칙 제3조를 보면 "가능한 최소한으로 필요한 만큼만 변형하는 신중한 접근이 요구된다"라고 하여 활용보다는 보존의 중요성에 방점을 찍고 있다. 물론 이와는 반대로 문화유산을 지속적 개발의 필수 계획요소로 간주하며 보존보다는 활용과 개선을 강조한 헌장이나 선언들도 다수 존재한다(Sohyun Park 2011). 이에 우리나라도 조속히 문화유산 전체의 보존에 관한 헌장이나 원칙을 수립하여 일관된 입장을 견지하도록 제도화할 필요성이 있음을 지적하고 싶다.

2. 문화유산 활용의 전제와 문제점

문화유산 보존과 활용의 원칙은 기본적으로 건축, 조경, 고고유적 등 어떤 분야의 유산이건 관계없이 그 궤를 같이 한다. 즉 모든 유산은 원형대로 보존되어야 하며, 주변의 역사문화 환경과도 조화를 이루어야 하는 것은 재삼 논의의 여지가 없다. 그 중에서도 오늘의 주제가 되는 풍납토성과 같은 고고유적을 중심으로 보존 및 활용의 전제와 문제점을 논하자면 다음과 같은 점이 강조된다.

첫째, 고고유적의 보손과 활용은 무엇보다도 역사석 신성성에 기초하여 발굴된 상태의 원형을 기본으로 하여야 한다. 그러기 위해서 과학적이고 체계적인 발굴조사와 연구가 선행되어야 함은 두말할 필요가 없다. 우선 발굴을 통해 유적의 정확한 범위와 유구의 분포 상황을 파악하고, 나아가 유구의 성격과 연대를 밝힘으로써 궁극적으로는 과거인들이 살았던 시대의 모습과 사회상 등을 해석해 내고 복원하는 것을 목적으로 하고 있다.

둘째, 유적의 복원 및 활용은 충분한 학술적 연구와 철저한 고증 절차를 거쳐야 하고, 절대적으로 원래 유적을 훼손하지 않는 범위 내에서 이루어져야 한다. 원칙적으로 고증없는 복원은 허구이며,

원형없는 보존은 그 의미가 퇴색될 수밖에 없다는 점을 명백히 인식할 필요가 있다. 우리는 발굴을 통해 드러난 흔적과 그 속에 내재된 시간의 흐름을 전적으로 존중하여야 한다. 비록 우리가 그 흔적들만으로 과거를 완벽하게 이해하지 못한다 할지라도 그 자체가 살아있는 역사임을 명심해야 한다. 현재 우리에게 주어진 지식과 기술, 정보로 인해 과거가 손상될 수 있음을 경계하고, 그러한 기재를 이용하여 과거를 변형시키고자 하는 욕구를 최소화할 때만이 진정한 보존과 활용을 이룩할 수 있을 것이다.

셋째, 이 모든 과정은 철저히 기록되고 유지 관리되어야 하며, 일반 및 학계에 관련 정보가 충실히 제공되어야 한다. 모든 분야가 다 그러하겠지만 특별히 고고유적은 다른 유적들과 달리 한번 발굴이 되고나면 원상을 회복하는 것이 불가능하기 때문에 기록 보존의 중요성은 아무리 강조해도 지나치지 않다. 또한 발굴자 외에는 발굴된 유적의 정보를 직접 접할 수 있는 기회가 거의 없기 때문에 발굴자의 객관적이고 사실적인 보고는 향후 심화 연구의 유일한 기초자료가 될 수밖에 없다. 따라서 발굴된 고고유적의 기록 관리에 대한 대비책 마련이 절대적으로 필요하다.

넷째, 고고유적 역시 다른 문화유산과 마찬가지로 유적의 가치를 개발, 전승하고 온 국민이 향유할 수 있는 공간으로 활용할 필요가 있다. 다만, 이때에는 반드시 고고유적의 특성에 입각한 효과적인 활용 방안이 강구되어야 한다. 예를 들어 현재 우리 주변에서는 발굴된 유적을 보강 처리하여 그 상태로 노출 전시하거나 보호각 등을 씌워 전시하는 방안에서부터 원 유적을 지하에 원형대로 복토, 보존한 후 상부에 공원 및 산책로 등을 조성하여 관련 자료를 제공하는 방안이나, 유적을 복토, 보존한 후 상부에 발굴된 상태대로 복원 전시하거나 축소 모형 등을 제시하는 방안, 나아가 유적을 복토, 보존한 후 상부에 원래의 모습을 추정하여 복원 또는 재현 전시하는 방안 등 다양한 방법이 동원되고 있다. 이상의 방안들은 어느 것이 정답이라고 할 수는 없으나 유적의 상태나 주변의 여건 등을 토대로 전시성, 활용성, 접근성, 유지관리 가능성 등을 종합적으로 고려, 가장 적합한 방법을 채택하여 유적의 가치를 알리고 활용하는 쪽으로 추진되어야 할 것이다.

Ⅲ. 풍납토성의 활용과 관광자원화 방안

1. 풍납토성 고유의 활용방안

문화유산의 활용 원칙과 전제가 확고하게 지켜진다는 가정 아래 어떻게 하면 풍납토성을 관광자원으로 활용할 것이냐의 문제는 대단히 중요하다. 주지하다시피 성벽을 제외한 중요 유적들이 전부 지하에 매장되어 있기 때문에 그것들을 효과적으로 보여주는 데는 분명 커다란 한계가 있을 수밖에 없다. 그럼에도 불구하고 가족단위 관광객과 초중고 학생들의 교육 프로그램, 소규모 문화유산 답사 단체들의 방문 등은 날로 증가하고 있으며, 이러한 추세는 시간이 가면서 더할 것으로 예상된다. 따라서 이러한 수요에 부응하기 위한 교육, 전시 및 체험 기회의 제공은 한시도 미룰 수 없는 상황이라 할 수 있다. 또한 앞으로는 국내 관광객뿐만 아니라 외국인들을 대상으로 한 다양한 안내와 서비스 프로그램도 갖추어야 할 것이다.

가. 성벽의 복원 및 성벽 전시관

다행스럽게도 풍납토성은 일부 구간을 제외한 거대한 성벽이 백제시대 이래의 모습을 그래도 유지한 채 남아 있는 상태이다. 따라서 관광자원으로 즉각 활용할 수 있는 최우선 순위의 대상으로는 성벽을 꼽을 수 있다. 현재 잘 보존되어 있는 성벽 외에도 집단 거주지로 변모하여 기초만 유지하고 있는 동북쪽 구간, 그리고 지하에는 온전히 남아있을 것으로 추정되지만 지금은 레미콘공장과 고층아파트가 들어서 있는 구간에 대해서는 조속히 매입하여 발굴조사 등 고증을 거쳐 원래의 모습대로 복원할 필요가 있다. 그렇게 된다면 단순히 지역 주민들을 위한 산책로가 아니라, 토성 전체를 돌아보며 과거의 숨결을 느낄 수 있는 역사 탐방로서의 기능도 회복할 수 있을 것이다.

경우에 따라서는 성벽을 발굴하거나 발굴이 완료된 현장을 직접 공개하는 방안도 고민해 볼 필요가 있다. 1999년도 동벽 2개 지점에 대한 절개조사가 완료될 무렵, 서울시와 문화재청은 그 중 한 곳을 그대로 노출 전시하여 야외 전시관으로 삼고자하는 계획이 있었다. 당시로서는 상당히 고무적이고 야심찬 계획이었으나 이후 별다른 진전을 보지 못하면서 그 계획은 수면 아래로 가라앉게 되었다. 그 후 십여 년이 지난 시점에 한성백제박물관의 개관을 염두에 두면서 풍납토성의 성벽을 실내에 전시하자는 안이 제기되었고, 2011

년 그것을 위한 발굴이 진행되어 현재와 같은 모습으로 한성백제박물관의 전시실 로비 전면에 성벽 일부가 전시된 것이다. 물론 박물관에 토층을 전사하여 보여주는 방법도 관리 및 교육 등의 측면에서 효율적일 수 있으나, 필요하다면 적어도 한 군데 정도는 성벽을 그대로 노출 전시하는 것도 의미있는 작업이라 생각된다. 왜냐하면 풍납토성의 성벽은 그 자체로 규모가 엄청나게 커서 일반인에게 별다른 설명이 필요없을 정도로 시각적 효과가 대단할 뿐 아니라, 당시 최고의 토목기술을 동원하여 축조하였음을 한 눈에 보여줌으로써 고대 축성 원리와 당시의 사회문화적 배경 등을 생생하게 전달할 수 있는 장점도 있기 때문에 교육적 효과로 치자면 실로 대단할 것이다. 만약 이것이 현실화된다면 세계 어디에 내놓아도 손색없는 야외의 성벽 전시관 하나를 얻게 되는 셈이다.

나. 발굴 유구 야외 박물관

풍납토성 내부에서 발견된 대형의 신전 건물지와 여러 개체의 말머리뼈 등이 출토된 제사구덩이, 대외 교류를 통하여 들여온 도자기 같은 진귀한 물품을 보관하던 궁궐 부속 창고, 왕이 실제로 사용하던 우물에 백제 전역에서 수집한 230여 점의 토기를 일괄 매납하고 폐기한 현장 등은 그 상태로 훌륭한 야외 박물관이 될 수 있다. 특히 최근에는 적심과 초석을 갖춘 건물지가 기와가 얹어진 상태로 그대로 주저앉으면서 폐기된 채로 발굴되어 세인의 관심을 집중시키기도 하였다. 물론 기와 건물지 이전에 발굴된 대형의 육각형 수혈주거지와 폐기장 등도 당시의 생활상을 보여주는 귀중한 자료로서 손색이 없다. 따라서 중요 유구가 집중적으로 발견된 일부 지점에 대해서는 그대로 현장을 노출 전시하여 야외 박물관으로 활용할 필요도 있다. 노출된 유구의 관리가 문제라면 일부 유구는 복토 후 상부에 당시의 모습을 복원하여 전시하는 방안도 고려해 볼 만하다.

지금까지 중요 유구가 발굴된 지점은 대체로 소위 '경당연립 재건축부지'와 '미래마을 재건축부지'로 알려진 곳이다. 이 두 지점은 이미 국가에서 토지를 매입하여 사적으로 지정하였기 때문에 발굴조사 결과에 대한 활용방안을 도출하는 데는 상대적으로 용이한 편이다. 이에 그동안 발굴된 자료를 효율적으로 보여줄 수 있는 방안을 포함한 관리 방안 마련이 절실히 요구된다.

다. 역사 기념관 및 유물 전시관

풍납토성에서는 1997년 이래 백제 초기 도성의 모습을 보여주는 각종 유구와 유물이 출토되고 있다. 그러나 풍납토성은 을축년(1925) 홍수를 계기로 일제강점기에 이미 백제의 첫 도읍인 '하남위례성'으로 비정되었고, 그 이후에도 '사성' 또는 '위례성과 동시기에 축성된 반민반군적 읍성' 등 다양한 견해로 알려지면서 우여곡절을 겪어 온 백제 초기의 중요한 성이었다. 그러다가 1997년 아파트 공사를 계기로 기적과 같이 발굴조사가 실시된 끝에 극적으로 보존된 뜻 깊은 유적이기도 하다. 따라서 어찌 보면 풍납토성이 겪어 온 과정 하나만으로도 잘 짜여진 한편의 반전 드라마와 같은 느낌을 지울 수 없다.

그러나 안타깝게도 이러한 풍납토성의 역사를 한 눈에 보여주는 기념관이나 전시관은 존재하지 않는다. 더군다나 풍납토성 내부에서 위에서 열거한 어마어마한 유적에서 출토된 수만 점의 유물을 보여줄 만한 변변한 공간도 마련되어 있지 못하다. 다행히 인근의 몽촌토성에 풍납토성을 위시한 한성백제시대의 유물을 대상으로한 전문 박물관이 개관되어 그나마 아쉬움을 달랠 수 있으나, 그렇다고 풍납토성의 역사를 상세하게 전할 수 있는 것은 아니다. 따라서 발표자는 적어도 풍납토성 내부에 풍납토성만의 역사과 지난한 보존 과정을 그대로 보여줄 수 있는 기념관 정도는 반드시 설립되어야 한다고 생각한다. 나아가 여력이 된다면 한성백제박물관과는 차별화된 성격의 소규모 유물 전시관 건립도 필요하다고 생각한다. 반드시 화려한 완형의 유물이 아니더라도 풍납토성의 지하 깊은 곳에는 이러한 유물들이 고스란히 매장되어 있고, 지금은 아파트나 고층 건물이 들어서 있지만 그 밑에는 어쩌면 그러한 유물들이 무수히 매장되어 있었을지도 모른다는 생각을 갖게 할 만한 유물 몇 점이면 족하다. 적어도 이러한 기념관이나 유물 전시관 정도가 갖추어져 있어야만 풍납토성을 찾은 수많은 관람객늘이 그것을 봉해 무언가 느끼고 돌아갈 수 있지 않을까 생각한다.

    이러한 기념관 또는 전시관을 건립할 만한 후보지로는 기 매입되어 사적지로 지정된 '서울시 영어체험마을' 부지가 가장 적절할 것으로 생각된다. 붉은 벽돌로 잘 지어진 건축물은 중정을 두고 사방으로 기숙사 건물이 그대로 남아 있다. 따라서 중정에 위치한 중심건물을 이용하여 신축하거나 리모델링하는 방법 등으로 풍납토성 역사 기념관이나 관련 자료관, 소규모 유물 전시관을 설치한다면 적은 비용으로 큰 효과를 거둘 수 있지 않을까 싶다. 또한 주변의 건물은 풍납동 주민들을 위한 독서실 등으로 활용하더라도 크게 불편하지 않을 것으로 생각된다. 즉, 이곳에 관람객이 와서 풍납토성이 걸어 온 회한의 역사를 가슴 깊이 느끼고, 우리나라 문화재 보호의 현실과 미래를 고민하며, 관련 자료들을 찾아봄으로써 공부도 할 수 있는 진정한 교육과 학습의 공간으로 활용함이 바람직하다고 생각한다.

2. 풍납토성 인근 인프라 활용방안

가. 주변 유적과의 연계 방안

풍납토성 주변으로는 한강 유역을 둘러싸고 선사시대부터 삼국시대, 통일신라시대를 거쳐 조선시대에 이르기까지 오랜 시간 동안 형성된 다양한 문화유적들이 집중 분포하고 있다. 따라서 이러한 자원을 적절히 활용한다면 풍납토성이 지니고 있는 관광자원 가치는 훨씬 높아질 것이다. 이에 주변 유적을 활용하는 방안을 마련함에 있어 유적의 성격을 고려하여 크게 선사시대부터 조선시대까지 전 시간대를 아우르는 통시적 관광벨트를 조성하는 방안과 특히 백제시대를 중심에 놓고 본 공시적 관광벨트를 조성하는 두 개의 방안으로 나누어 봄이 어떨까 싶다.

우선 통시적 벨트는 한반도 중부지방의 대표적 신석기시대유적인 암사동 선사유적지에서 시작하여 광진구에 위치한 고구려 보루군 유적과 아차산성, 그리고 통일신라시대의 대표적 석축산성으로 알려진 하남의 이성산성, 현재 세계문화유산 등재 준비가 한창인 남한산성까지를 연계하는 방안이다. 이 벨트는 신석기시대부터 고구려, 백제, 통일신라, 조선으로 이어지는 한강유역의 주민 정착 및 치열했던 삼국 간 항쟁, 외세에 항거한 조선시대의 뼈아픈 역사가

지를 돌아보게 하는 장구한 시간 여행이 될 것이다.

두 번째 벨트는 풍납토성을 중심으로 한 백제 한성기 유적을 집중적으로 조망하는 공시적 연계 방안이다. 풍납토성과 더불어 한성의 양궁성 중 하나인 몽촌토성, 백제와 신라의 귀족묘로 알려진 방이동 고분군, 고구려 왕릉의 영향으로 축조된 석촌동 왕릉군 등을 차례로 둘러보는 것이다. 같은 시기 공존했던 한성백제시대 도성의 핵심시설인 궁성과 왕릉 등의 답사를 통해 당시 도성제도에 대한 심화 학습의 계기가 마련될 것이다. 한편 이 코스를 돌다보면 자연스레 롯데월드, 석촌호수 등 기 관광 명소로 알려진 곳과의 시너지 효과도 기대된다.

나. 한성백제박물관과의 연계 방안

풍납토성을 관광자원화 하는 데 있어서 가장 유리한 점 중의 하나가 바로 인근에 한성백제박물관이 위치하고 있다는 점이다. 문화계의 오랜 숙원이자 염원을 안고 개관한 한성백제박물관은 그동안 소외되어 온 한성백제 문화의 우수성을 올바로 전달하고 널리 알리는 데 중추의 역할을 할 것임을 믿어 의심치 않는다. 그렇기 때문에 풍납토성과의 연계 방안도 대단히 중요할 것이다.

즉, 풍납토성을 중심으로 한 현장 답사 전이나 후에, 한성백제박물관 견학을 필수 코스로 하여 백제를 위시한 서울 지역의 선사와 고대 역사, 문화에 대한 기초 교육을 실시하거나 총 정리하는 공간으로 삼는 것이다. 결론적으로 한성백제박물관은 풍납토성 주변 관광 및 교육의 출발점 또는 종착점으로 활용하는 것이 바람직하다. 아울러 한성백제박물관이 소재한 올림픽공원은 각종 체육시설이나 소마미술관 등이 들어서 있어, 이들과의 연계를 통한 도심 내 휴식 공간 제공에도 한 몫을 할 수 있을 것으로 기대한다.

IV. 풍납토성 보존 및 활용을 위한 제언

1. 풍납토성 보존의 당면 과제

풍납토성이 이렇듯 중요한 보존과 활용 가치를 지니고 있음에도 불구하고 유적을 제대로 관리하기 위해서는 풀어야할 숙제가 한두 가지가 아니다. 풍납토성 내에 거주하는 주민들은 2001년 제정된 지침에 의거 현재까지도 엄격한 건축 제한을 받고 있다. 그로 인해 주변 지역과는 비교할 수도 없는 재산상의 불이익을 감수해야만 하는 등 주민들의 피해와 고통은 이루 헤아릴 수 없다.

풍납토성은 총 면적 78만m^2에 달하는 거대한 유적으로 내부에는 약 1만 3천여 가구, 3만 5천여 명의 주민들이 거주하고 있다. 전체 토성 면적의 약 30% 정도가 사적지로 지정되었으나 그 조차도 완전히 보상이 이루어지지 않은 상태이다. 매년 200억원 이상의 막대한 예산을 투입하고 있지만 주민들이 요구하는 보상액수에 비하면 턱없이 부족한 상황이다. 만약 이런 추세로 토지를 매입한다면 어림잡아 400년에서 500년 가까운 시간이 흘러야만 보상이 가능하다고 하니, 이 기간은 백제가 서울에 도읍하였던 기간과도 맞먹는 셈이다.

따라서 풍납토성의 문제를 해결하기 위한 근본적인 대책으로는 일반적인 회계에서 논하는 현금 보상의 방식보다는 대토를 통한 집단적인 이주와 같은 특단의 대책이 바람직하다고 볼 수 있다. 그러나 이 또한 실제 대토 가능 부지의 물색과 방법, 기타 유적과의 형평성 문제 등 검토해야 할 사안들이 한두 가지가 아니기 때문에 일선 부서 한 두 군데서 결정하여 처리할 성격이 아니라고 판단된다. 그렇기 때문에 현 시점에서는 장기적인 관점에서의 근본 대책을 마련함과 동시에 풍납토성 보존·활용을 위한 중장기 마스터플랜을 조속히 수립, 예측 가능하고 실질적인 정책들을 제시하여야 한다. 다행히 2009년에 문화재청에서『풍납토성 보존 관리 및 활용 기본계획』을 수립하였고, 이를 토대로 서울시에서는 각계 각층의 다양한 전문가와 이해 당사자들의 의견을 수렴하여 풍납토성의 합리적인 관리방향과 추진전략을 마련 중에 있다(서울특별시 2011).

2. 풍납토성 활용을 위한 제도적 방안들

가. 고도(古都) 지정 관리

고도는 일반적인 역사문화 도시가 갖고 있는 역사·문화적 속성 외에도 한 나라의 정치적 중심지로서 도읍지만이 갖는 유·무형의 자산이 함축되어 있으며, 대표적으로 왕궁, 성곽, 사찰, 왕릉 등 국가를 다스리는 다양한 역사문화 유적과 환경이 농축되어 있는 지역이다.

2004년 3월부터 제정, 시행되고 있는『고도보존에 관한 특별법』제2조(정의) 1호에는 '"고도"란 과거 우리 민족의 정치·문화의 중심지로서 역사상 중요한 의미를 지닌 경주·부여·공주·익산, 그 밖에 대통령령으로 정하는 지역을 말한다'라고 명시되어 있다. 여기서 보면 풍납토성으로 대표되는 백제 한성시대의 첫 도읍지인 서울시의 송파구 일원은 법으로 정하는 '고도'에서 제외되어 있다. 그러나 실상은 백제가 고구려, 신라 등과 더불어 존속했던 678년간의 세월 중 2/3가 넘는 493년간을 서울에 도읍하였다. 즉 역사적으로 『고도보존에 관한 특별법』에서 정하고 있는 부여나 공주보다 훨씬 일찍부터 오랜 시간을 백제의 도읍으로 존속했던 것이다. 따라서 풍납토성은 이미 학술적으로 고도로서의 지위를 가질 수 있는 자격은 충분하다. 우리나라의 고도 보존 정책이 이제 막 시작 단계임을 감안하면 풍납토성 뿐만 아니라 한성의 별궁으로 인식되고 있는 몽촌토성, 방이동 및 석촌동 고분군 등의 왕릉급 고분 유적이 밀집 분포되어 있는 한성백제 도성지역을 가급적 빠른 시일 내에 고도로 포함시켜 보존 관리할 필요가 절실하다.

  고도 지정의 핵심은 고도가 지니고 있는 역사문화 환경을 온전히 보존하면서 고도 지역에 살고 있는 주민들의 불편을 해소하는 한편 침체된 지역 경제를 활성화하는 데 있다. 그러기 위해서는 가장 먼저 고도의 역사적 실체를 보존하고 역사적 정체성을 확립하는 일이 선행되어야 한다. 그러한 보존이 전제된 후에는 고도의 역사문화 환경과 조화되는 주거환경 개선사업 등 주민들의 불편을 덜어주는 정책이 수반되어야 한다. 여기서 한걸음 더 나아가 과거와 현재가 공존하는 고도 특유의 관광자원을 개발하여 고부가가치를 창출하는 노력을 기울여야 할 때이다.

나. 용적물 매입제 등 제도적 지원

이러한 작업이 성공을 거두기 위해서는 다방면에서의 제도적 뒷받침이 필수적이다. 그 중에서도 핵심은 역시 고도 지정으로 인한 주민의 피해를 최소화하는 것이 아닌가 생각된다. 현재는 고도에 대한 충실한 기초조사를 실시한 후에 '특별보존지구'와 '역사문화환경지구'로 지정하고 그에 따른 고도보존계획을 수립하고 있는데, 계획 수립 단계에서의 주민 참여 등 이해 관계자의 의견 청취를 확대할 필요가 있다. 또한 지구 지정이 되고 나면 건축물의 신축 및 토지의 형질변경 등에서 여러 가지 제약이 따르는 바, 주민들이 감수해야 할 고통이 이만저만이 아니다. 따라서 보존지구 지정에 따른 주민들의 손실 보상은 그 무엇보다도 핵심적인 문제이다. 즉 지속적이고 체계적인 고도 보존 및 관리를 위해서는 주민들이 수용할 수 있는 합리적인 보상 재원의 마련이 반드시 뒤따라야 한다는 것이다.

주민 보상의 방법에는 해당 토지를 매수하거나 혹은 세제 혜택 및 보조금 지급 등의 금전 지원 방법이 있을 수 있다. 토지를 매수하는 경우에는 소유권 전체가 아닌 일부만 보상해주고 매입하는 방법도 있다. 즉 국가가 보존이 필요한 지역의 토지소유권을 모두 매수할 필요 없이 특정 용도나 일정 밀도 이상으로 개발하는 부분만 매입하는 것으로 소유권 전체를 매입하는 것보다 비용을 적게 들일 수 있다. 이러한 제도를 '용적률 매입제'라고 하는데, 국가나 지자체가 공익 목적의 보존을 위해 규제하는 지역에 대해 규제로 이용하지 못하는 용적률을 정부가 매입해 주는 제도이며, 일정 규모 이하의 이용과 개발은 허용하고 추가적으로 개발할 수 있는 권리만 매입해 줌으로써 개발과 보존의 조화를 도모할 수 있다는 장점이 있다. 또한 용적률 양도지역 지정원칙에 부합하는 지역에 한해서만 용적률 이용권을 처분할 수 있도록 한 '용적률 거래제'보다 적용 범위가 넓어 문화재 보호구역에 폭넓게 활용할 수 있을 것이다(채미옥 2010).

이와 같은 토지 보상 제도를 적절히 활용한다면 고도 보존을 위한 국가의 예산도 절약할 수 있을 뿐만 아니라 합리적인 보상 재원이 마련되지 않아 장시간 고통당하며 인내를 강요받아온 고도 지역 내 주민들에게도 최소한의 토지 이용권을 보장하는 한편, 나머지 개발권에 대한 어느 정도의 보상도 가능할 것으로 생각된다. 특히나 풍납토성과 같이 이미 포화상태로 개발이 이루어진 도심 내 유적의 경우에는 가장 적절한 적용 대안이 아닐까 싶다. 따라서 풍납토성을 올바로 보존·관리하고 제대로 활용하고자 한다면 조속한 시일 내에 풍납토성을 고도로 지정하고, 아울러 용적률 매입에 대한 근거 규정 마련 등 제도적 지원을 아끼지 말아야 할 것이다.

〈참고문헌〉

채미옥, 2010, "국토품격 제고를 위한 용적률매입제 및 용적률거래제 도입 방안", 국토품격 세미나, 국토해양부·국토연구원.

문화재청·국토연구원, 2007, 『古都 보존을 위한 역사문화환경 관리 방안』

서울특별시, 2011, 『풍납토성 합리적 관리방향 및 추진전략』

신희권, 2008, 「都城의 출현과 百濟의 형성」, 『국가 형성의 고고학』, 한국고고학회편, (주)사회평론

_____, 2010, 「百濟 漢城時代 都城制度에 관한 一考察 -兩宮城制度를 中心으로-」, 鄕土서울 76

_____, 2011, 「풍납토성의 의의와 관리 활용상의 과제」, 『세계문화유산 등재에 있어 도시고고유적의 의의와 관리 과제』, ICOMOS-KOREA·국토연구원

Sohyun Park, 2011, 「Precautions for Heritage to be a Driver for Regional Development: A Critical Review of Related Principles manifested in the ICOMOS Charters」, 『The 17th ICOMOS General Assembly and Scientific Symposium』